AF276835

MATERNIDADES Y CAZA DE BRUJAS

COORDS.
Diana Eguía y Vicky Guerra

AUTORAS
Silvia Federici · Victoria Lozano Domingo
Vicky Guerra · Diana Eguía · Matías Viotti Barbalato
Marta Romero-Delgado · Idoia Castillo-Arbaiza
Cristina Gutiérrez Meurs

Título: Maternidades y caza de brujas

Diana Eguía y Vicky Guerra (coords.)

Autoras: Silvia Federici, Victoria Lozano Domingo,
Vicky Guerra, Diana Eguía, Matías Viotti Barbalato,
Marta Romero-Delgado, Idoia Castillo-Arbaiza, Cristina
Gutiérrez Meurs

Septiembre, 2025

ISBN: 978-84-19833-40-2
Deposito legal: M-12335-2025

ÍNDICE

NOTA DE
LAS EDITORAS

Como vienen acertadamente señalando diversas voces sociales, tanto la recuperación del fenómeno de la caza de brujas como el discurso sobre los cuidados centrado en la maternidad han sido desarrollados principalmente por mujeres blancas de clase media. En muchos casos, esto ha ocurrido sin una reflexión suficiente —o incluso con una omisión deliberada— sobre las violencias racistas y coloniales que atraviesan la sociedad. Este Cuaderno busca alejarse de esa lógica. En este sentido, reconoce que las compañeras racializadas y del Sur global han sido y siguen siendo quienes sufren mayor represión, enfrentando una mayor violencia sexual, policial, económica y estructural. Asimismo, en estas páginas la categoría «mujer» no se emplea de manera esencializante ni biologicista. Por el contrario, busca visibilizar la campaña de marginalización que el Estado Moderno ha sostenido contra todas aquellas personas que no sean el varón burgués cis blanco heteronormativo, sujeto privilegiado del capitalismo.

El patriarcado es un juez
que nos juzga por nacer,
y nuestro castigo
es la violencia que no ves
[...]
El Estado opresor es un macho violador

LASTESIS, «Un violador en tu camino», 2019

PRÓLOGO. SOBRE LA CAZA DE BRUJAS Y LA MATERNIDAD

SILVIA FEDERICI

En *Calibán y la bruja* escribí que, en la historia de la sociedad capitalista, el cuerpo y su capacidad de procreación han sido para las mujeres el equivalente a la fábrica y el trabajo para los hombres como terreno de explotación. Esta analogía solo es parcialmente correcta. El capital y el poder del Estado sobre los cuerpos femeninos ha afectado las vidas de la mujeres de una forma mucho más intensa y cruel que cualquier otra forma de trabajo masculino, excepto el realizado en condiciones de esclavitud. La comparación, sin embargo, quería subrayar que el disciplinamiento de la capacidad reproductiva de las mujeres y la imposición de la maternidad, como destino principal de estas y como condición para la aceptación social, ha dado forma a la relación del capital con las mujeres y sus vidas hasta nuestros días.

El presente Cuaderno es una poderosa articulación de este argumento. Este muestra que, desde el principio de la sociedad capitalista hasta la actualidad, el control y la regulación de la maternidad, así como el castigo de las diferentes formas de rechazarla, han sido los principales instrumentos de explotación para las mujeres en el capitalismo. Por lo que se refiere a España, el libro también demuestra que esta tarea se ha cimentado sobre una alianza histórica entre la Iglesia y el Estado, dirigida tanto a obligar a las mujeres a procrear como a castigar severamente cualquier resistencia a esta imposición.

Los artículos iniciales indagan las condiciones históricas y estructurales bajo las que surgió la obsesión capitalista con la maternidad: el impacto de la Peste Negra —la plaga bubónica que destruyó un tercio de la población europea a finales de la Edad Media—, la persecución de las sectas heréticas que abrazaban un posicionamiento antinatalista, el miedo a la despoblación por las altas tasas de mortalidad que persistieron durante los primeros siglos del desarrollo capitalista y, sobre todo, la creencia del capitalismo incipiente de que el trabajo es la fuente de toda riqueza y, en consecuencia, la riqueza y la seguridad de un país dependen de su número de «pobres».

Esta obra arroja luz sobre la frecuencia con la que, en las cazas de brujas de los siglos XVI y XVII, la acusación de infanticidio aparece en las demonologías y en los juicios a brujas representadas como mujeres comiendo carne de niño o cociendo los cuerpos de las criaturas para poder hacer ungüentos que les permitieran volar durante la noche a sus malditas reuniones.

El trabajo muestra también que la otra parte de la creación de la bruja fue la construcción de la madre como identidad y función esencial de las mujeres; y de la maternidad como uno de los principales pilares del Estado y la familia. No fue casualidad que, simultáneamente a las cazas de brujas —que apuntaban a mujeres sospechosas de realizar prácticas contraceptivas o abortivas—, aparecieran, en la mayor parte de Europa, diferentes penas para condenar el infanticidio. La Lex Carolina de 1532, la ley que en el Sacro Imperio Romano codificó el procedimiento para establecer la culpabilidad o la inocencia en los procesos penales, hizo obligatoria la pena de muerte para tal delito. Tan importante era el historial reproductivo de una mujer en los juicios por brujería que, como relata Lynda Roper, en Würzburg, durante una persecución masiva que llevó a la muerte de mil personas, a las mujeres acusadas se les preguntaba rutinariamente cuántos hijos tenían y cuántos habían muerto.

Haber explorado en detalle el entorno social, político y económico en el que la maternidad se convirtió en un factor central para impulsar la caza de brujas en España ya convierte este cuaderno en una contribución importante a la historia de las mujeres. Pero lo que lo hace especialmente valioso es que demuestra que la imposición de la maternidad como el destino principal y el deber social de las mujeres —de hecho, la razón misma de nuestra existencia social— se prolongó hasta el siglo XX, convirtiéndose en un pilar fundamental de los regímenes fascistas, comenzando por el franquismo. En España, al igual que en Italia, y nuevamente con el apoyo de la Iglesia, el fascismo instauró la «maternidad» como la tarea sagrada de las mujeres, su derecho a la ciudadanía, honrando a las más prolíficas por su contribución a la seguridad de la nación. En la Alemania nazi, las madres fueron designadas como protectoras de la raza. Se idearon castigos para cualquier desviación de este deber o para la procreación de hijos no deseados. En España, como se detalla en el cuaderno, las mujeres rebeldes —especialmente las «rojas» y las «promiscuas»— fueron encarceladas, y sus hijos, robados y dados en adopción a familias adeptas al Régimen.

Esta es una práctica que todas las autoridades y gobiernos racistas y colonialistas han adoptado y que continúa hasta el día de hoy. En Irlanda, nuevamente con la colaboración de la Iglesia Católica, durante los siglos XIX y XX, miles de niños nacidos fuera del matrimonio murieron o fueron dados en adopción por las monjas de los orfanatos, donde sus madres eran encarceladas y forzadas a trabajar. Muchos niños fueron también arrebatados a sus madres por la Junta Fascista en Argentina, después del golpe de Estado de 1976, y entregados a las familias de quienes habían torturado a sus madres hasta la muerte. La separación de los niños de madres consideradas indignas continúa hoy en día en distintos países de Europa, afectando principalmente a mujeres migrantes. Desde Noruega hasta Italia, cientos de madres inmigrantes han visto cómo sus hijos les eran arrebatados al perder sus empleos, con el argumento de que ya no pueden mantenerlos.

Al mismo tiempo, miles de mujeres negras en Estados Unidos han sido esterilizadas en contra de su voluntad y sin su conocimiento y, en la década de 1990, Estados Unidos lanzó una campaña de «control de la población» en Asia y África, decían que para poner fin a una «explosión demográfica» que se presentó como la causa de la pobreza en el «tercer mundo». Como parte de esta campaña, se organizaron «safaris» de esterilización en varios países, incentivando a las mujeres a cortarse o atarse las trompas mediante diversos sobornos que pasaban desde comida hasta radios portátiles. Se crearon nuevos anticonceptivos que escapaban del control de las mujeres, que se aplicaban mediante inyecciones o implantes subdérmicos, como el Depo-Provera y Norplant. De hecho, por muy importante que sea la maternidad para la economía capitalista, una consideración mayor en el plan capitalista es la de a quién se le deja reproducirse y a quién se le niega este derecho. No todos los niños, de hecho, son bienvenidos. En un mundo capitalista y poscolonial donde, en muchas antiguas colonias, las nuevas generaciones han estado exigiendo la devolución de la riqueza robada, los amos del mundo ven en el crecimiento demográfico una amenaza.

Mientras que en África y otros lugares a muchas mujeres se les ha negado la maternidad, en Estados Unidos, tras la victoria electoral y el creciente poder del Partido Republicano de derecha, el aborto está nuevamente prohibido. En varios estados se ha tipificado como delito, incluso cuando es necesario por razones médicas. Las mujeres se han visto obligadas a tener fetos no viables, a pesar del grave riesgo de infección y muerte. Esto es, parcialmente, la respuesta de la oligarquía racista a un cambio demográfico previsto por el cual la mayoría de la población pronto dejará de ser blanca. Pero no debemos subestimar la importancia que sigue teniendo controlar la capacidad reproductiva de las mujeres para la clase capitalista. A pesar de la prisa por automatizar y celebrar la Inteligencia Artificial (IA), la explotación del trabajo humano sigue constituyendo una fuente crucial para la riqueza y la disciplina social. Esto puede explicar por qué, también en EEUU, hemos podido ver recientemente un ataque contra las mujeres sin hijos, a las que el ahora vicepresidente de los EEUU, J. D. Vance, ha descrito como individuas inadaptadas y, en referencia directa a la caza de brujas, las ha llamado despectivamente *cat-ladies,* «mujeres de los gatos». De hecho, la restauración de la familia patriarcal tradicional, centrada en la figura de la «madre», es un elemento clave en la ofensiva de la derecha que desde hace años viene creciendo a ambos lados del océano, así como en América Latina, contra el feminismo y contra toda forma de sexualidad disidente. Repensar la historia de la imposición capitalista de la maternidad como función social primaria de las mujeres y el cruel castigo infligido a las mujeres rebeldes es, por lo tanto, esencial no solo para comprender la historia de las mujeres en la sociedad capitalista, sino también para la lucha que debemos emprender contra lo que parece una nueva caza de brujas.

CAZA DE BRUJAS, DISCIPLINAMIENTO MODERNO Y CONTROL DE LA NATALIDAD

VICTORIA LOZANO DOMINGO

Lo primero, porque su intento es componernos aquí una casada perfecta, y el ser honesta una mujer no se cuenta ni debe contar entre las partes de que esta perfección se compone, sino antes es como el sujeto sobre el cual todo este edificio se funda, y, para decirlo enteramente en una palabra, es como el ser y la substancia de la casada; porque, si no tiene esto, no es ya mujer, sino alevosa ramera y vilísimo cieno, y basura lo más hedionda de todas y la más despreciada. Y como en el hombre, ser dotado de entendimiento y razón, no pone en él loa, porque tenerlo es su propria naturaleza, mas si a caso lo falta el faltarle pone en él mengua grandísima, así la mujer no es tan loable por ser honesta, cuanto es torpe y abominable si no lo es. De manera que el Espíritu Sancto en este lugar no dice a la mujer que sea honesta, sino presupone que ya lo es, y, a la que así es, enséñale lo que le falta y lo que ha de añadir para ser acabada y perfecta. (Fray Luis de León, 1583: 30)

La relación de las mujeres y su fertilidad, fecundidad y maternidad con la magia y con la religión ha existido desde los albores de nuestra civilización. Esa asociación es la que sugieren las rotundas formas desnudas de las venus paleolíticas para la mayor parte de las historiadoras. También en las civilizaciones posteriores hallamos deidades femeninas que tienen que ver con la fertilidad de las mujeres o la fertilidad de la Tierra. Y, como donde hay vida también hay muerte, desde momentos civilizatorios muy tempranos, encontramos igualmente diosas femeninas que tienen que ver con la posibilidad de arrebatar la vida. Algunas de estas divinidades fueron Selene, diosa de la Luna y de la noche; Hécate, diosa de los muertos y de las encrucijadas; y Diana, diosa, entre otras cosas, de la muerte. Tal y como explica María Tausiet en su ponencia *Brujas: el vuelo del mal* (2016), la fusión de estas deidades con la creencia en arpías y lamias que raptaban criaturas dio lugar al desfile de mujeres monstruosas que, cabalgando sobre diferentes animales, raptaban y mataban infantes por la noche. Según la historiadora, esta cabalgata se manifestó con diferencias locales en todo el folklore europeo desde la Edad Media. A pesar de ser creencias tan extendidas, la Iglesia católica consideraba que eran fantasías en las que no se debía creer. Así, el *Canon episcopi*, texto religioso del año 906, insistía en que eran supersticiones y, por lo tanto, había que considerarlas un pecado y prohibir expresamente la creencia en ellas.

Sin embargo, a partir del siglo XIII y hasta el siglo XV, aquellas fantasías comenzaron a atribuirse a mujeres reales, contra quienes se volcaron las acusaciones de volar por la noche, metamorfosearse en animales, matar criaturas y arruinar cosechas. Estas acusaciones iniciaron lo que hoy conocemos como caza de brujas, una persecución que se ampliará descarnadamente en los siglos XVI y XVII. ¿Qué motivó este cambio de consideración de la Iglesia católica sobre las mujeres? ¿Qué cambió en la sociedad de esta época para que lo que fueron fantasías prohibidas se convirtieran en el motor del hostigamiento y asesinato de miles de mujeres por su pacto demoníaco?

LA CONCEPCIÓN DEL SEXO Y EL CUERPO PARA LAS HEREJÍAS

En el inicio de la caza de brujas se dio la persecución de un conjunto de herejías, muchas de las cuales resultaron en movimientos revolucionarios que lucharon para crear el reino de Dios en la Tierra. Ese reino aspiraba a convertirse en una sociedad más igualitaria, lo que implicaba la abolición de la propiedad privada. De entre todas estas herejías destacó la albigense, que fue apoyada por señores feudales y llegó a tener obispos propios, constituyendo una Iglesia paralela a la romana. Como explica Silvia Federici (2010: 51-68), esta herejía denunció las jerarquías sociales, la propiedad privada y la acumulación de riquezas, y difundió una perspectiva muy transgresora de la sociedad, que redefinió todos los aspectos de la vida cotidiana. Extendió la creencia de que Dios rechazaba al clero por su codicia y escandaloso comportamiento, desafiando así a la Iglesia, pero también al poder feudal, principal terrateniente causante en Europa de la explotación cotidiana del campesinado. Según la autora, los cátaros odiaban la guerra, eran contrarios a la pena capital y fueron tolerantes con otras religiones. También rechazaron el matrimonio y la procreación. Cabe pensar que el antinatalismo de estos no estuvo relacionado con una concepción vejatoria de las mujeres y su sexualidad, ya que estas tenían un lugar importante dentro de la organización. En la Iglesia católica las mujeres no significaban nada, mientras que aquí eran consideradas como iguales: tenían los mismos derechos que los hombres y gozaban de una inédita movilidad y vida social para la época, tenían derecho a administrar los sacramentos, predicar, bautizar y alcanzar órdenes sacerdotales. Dentro de la herejía, también se permitía que las mujeres y los hombres compartieran la misma vivienda, aunque no estuvieran casados, porque no tenían comportamientos promiscuos. Así, a menudo, las mujeres y los hombres herejes vivían juntos libremente. Y las mujeres también construyeron sus propias comunidades exclusivamente de mujeres. Con respecto a la sexualidad, aunque los «perfectos» de la herejía se abstenían del coito, otros despreciaban la castidad, y hubo quienes atribuyeron un valor místico al acto sexual y lo trataron como un sacramento. También sabemos que las mujeres intentaron controlar su función reproductiva, ya que son numerosas las referencias al aborto y al uso femenino de anticonceptivos; una práctica que se convirtió en una grave amenaza al llegar la crisis demográfica provocada por la Peste Negra (Federici, 2010: 73-80).

Como era de esperar, el papado reaccionó violentamente contra la existencia de las diferentes herejías, especialmente contra la albigense, porque ponían en riesgo su propia existencia. La enfrentó con una Cruzada y también nombrando investigadores, de tal forma que fundó la Inquisición medieval en 1184. La Inquisición se convirtió desde ese momento en el tribunal que vigiló, persiguió y juzgó las herejías.

CRISIS DEMOGRÁFICA, ESCASEZ DE MANOS PARA EL TRABAJO Y NACIMIENTO DE LA FIGURA DE LA BRUJA

Entre 1347 y 1352, la Peste Negra acabó con más de un tercio de la población en Europa. El efecto más importante de esta catástrofe apocalíptica fue el recrudecimiento de la crisis del trabajo, iniciada por el conflicto de clase. Al diezmarse la mano de obra, el coste de la misma creció hasta niveles críticos, fortaleciendo la determinación de la gente a romper las ataduras del dominio feudal. Al llegar al siglo XV, los enfrentamientos entre campesinos y nobles se convirtieron en verdaderas guerras.

Hacían falta brazos para trabajar la tierra y obediencia, lo que provocó que el crecimiento de la población se convirtiera en una preocupación de primer orden. A finales del siglo XIV, los movimientos heréticos comenzaron a ser asociados a los crímenes reproductivos, especialmente la «sodomía», el infanticidio y el aborto, y se creó un clima en el que cualquier forma de anticoncepción era perseguida. La Iglesia quiso establecer un control sobre el matrimonio y la sexualidad, de manera que los aspectos sexuales de la herejía, que exageraron de forma grotesca, adquirieron mayor importancia en su persecución. Fue entonces cuando la heterodoxia empezó a tomar forma de mujer: la bruja.

Aunque, desde este temprano momento, la Iglesia católica comenzó a relacionar las herejías con comportamientos lascivos y también con la magia, no fue hasta finales del siglo XV cuando se condenaron estas prácticas de forma explícita. Fue Inocencio VIII quien, en 1484, formuló una condena radical mediante la bula

Summis desiderantes affectibus. En ella, el Papa señalaba determinados crímenes sexuales y exhortaba a las autoridades civiles a colaborar tanto con los poderes religiosos como con los inquisidores en el reconocimiento y persecución de la brujería:

> [...] muchas personas de ambos sexos, olvidando su propia salvación y desviándose de la fe católica, tratan con demonios, íncubos y súcubos, y con sus hechizos, cantos, conjuros y otras nefastas supersticiones y sortilegios se dedican a excesos, crímenes y delitos, y hacen **morir, agotarse y extinguirse el parto de las mujeres, las crías de los animales**, la uva de las viñas, el fruto de los árboles, así como hombres, mujeres, acémilas, ovejas, ganado y otros animales de diverso género, también viñas, frutales, prados, pastos, grano, trigo y otras legumbres del campo y atormentar y afligir con crueles dolores internos y externos a los mismos hombres, mujeres, acémilas, ovejas, ganado y animales **así como impedir a los hombres procrear y a las mujeres preñarse, y que ni los hombres con sus esposas, ni las mujeres con sus esposos puedan realizar los actos conyugales,** además de renegar con boca sacrílega aquella fe que recibieron en la sagrada recepción del bautismo.[1] (Inocencio VIII, 2004 [1484]: 1)

La bula de Inocencio VIII buscaba legitimar la persecución de mujeres acusadas de brujas que dos inquisidores del centro de Europa habían iniciado tiempo atrás con poco éxito. Los dominicos Sprenger y Kramer obtuvieron el amparo de la bula papal para escribir y publicar el que probablemente sea el texto más misógino de la historia: *Malleus Maleficarum.*

EL MARTILLO DE LAS BRUJAS Y LA MATERNIDAD

Malleus Maleficarum, publicado en 1487, inició la persecución y la muerte de un gran número de mujeres. Aunque el manual reconoce la existencia de brujos, el tratado defiende que la mayor parte

---

1. El subrayado es mío.

de las personas que se dedican a la brujería son mujeres y no hombres, porque «el demonio las halla más fáciles o porque ellas, de su naturaleza, son insidiosamente vengativas y también envidiosas». De ahí que su título se traduzca como *El martillo de las brujas*. Christelle Taraud (2022: 79) considera que habrían sido 200.000 procesadas y 100.000 ejecutadas y que (con diferencias en el espacio geográfico y en el tiempo) el 85% de las personas procesadas fueron mujeres. El *Malleus* se convirtió en el libro de cabecera de los inquisidores para perseguir a las brujas en toda Europa y sus territorios coloniales. Según sus autores, los principales crímenes de las brujas tendrían que ver con la fertilidad natural y la fecundidad de las mujeres. Así, las brujas, para hacer el mal y por exigencia del Diablo, crearían impotencia en los hombres, esterilidad en las mujeres y abortos para impedir la vida. Si, habiendo intentado todo esto, fracasaran, se comerían a las criaturas una vez nacidas. De esta forma, el *Malleus* proveía a los inquisidores de una serie de recetas que buscaban perseguir todos los tipos de sexualidad no reproductiva, convirtiendo en sospechosas de un nuevo crimen (la brujería) a todas aquellas mujeres que tenían sexo fuera del matrimonio o sin el objetivo de procrear. Igualmente, el manual castigaba duramente prácticas contraceptivas, el aborto y la homosexualidad, por lo que podemos decir que la maternidad fue un asunto central de la caza de brujas desde su mismo arranque.

La bula de Inocencio VIII y *Malleus Malleficarum* inician una macabra omnipresencia del diablo en la sociedad. Como explica María Jesús Zamora (2008: 411-445), nunca antes esta figura había estado tan presente en nuestra historia como en el intervalo entre 1550 y 1680. En este momento, tomó forma un modelo de diablo malévolo, ponzoñoso y mordaz, al que se haría responsable de todas las catástrofes que se habían iniciado desde el arranque de la Modernidad: el crecimiento de la miseria, las catástrofes naturales, pestes, hambrunas y una crisis demográfica agudizada a partir de 1594. El diablo se convirtió en el sujeto al que culpabilizar de los acontecimientos que golpearon y desorientaron a la sociedad de estos siglos.

A medida que se fueron multiplicando los focos heréticos, se produjo un cambio radical en esta convivencia con el diablo. Para infundir temor en las poblaciones, los teólogos expusieron una doctrina demonológica que dio lugar a una mentalidad obsesiva basada en el miedo y en la reprobación. Desde aproximadamente el año 1400 hasta 1580, la demonología se extendió sobre todo el continente, modificando a la vez las percepciones y las opiniones de sectores cada vez más amplios de la sociedad. Esto provocó que los manuales de demonología se multiplicaran por toda Europa.

Los autores de aquellos tratados fueron los mismos humanistas que desarrollaron el inicio de lo que después se convertiría en el pensamiento racionalista. A partir de 1580 aumentó la proliferación de estos manuales de demonología. Teólogos y jueces, tanto católicos como protestantes, rivalizaron con la erudición que vertían en sus escritos. Entre ellos destacó Jean Bodin, fundador, con otros juristas, del Absolutismo francés. Una de sus obras sobre demonología, *De magorum daemonomania libri IV* (1580), tuvo una gran repercusión en esta época, ya que contribuyó decisivamente a multiplicar los procesos de brujería hasta el edicto de 1682.

Bajo la acusación de brujería se recogerá, en el siglo XVI y XVII, la esencia de lo no aceptable para las mujeres: el sexo no reproductivo, el lesbianismo, el adulterio, la viudedad, los abortos, la independencia del varón. El conocimiento y control del propio cuerpo se consideraron amenazas en la sociedad moderna. A quienes disfrutaron de prácticas sexuales no reproductivas se les acusó de comer niños y de ser un peligro para la infancia. Se las consideró enemigas de la vida, culpables de causar infertilidad en los hombres y los campos. Se persiguió a parteras, herboristas, viudas, ancianas y pobres. Lo que compartían todas ellas es que fueron mujeres que no se adaptaron a la norma heteropatriarcal del momento, norma que ponía a las mujeres al servicio del Estado. Por lo tanto, aquellas mujeres no funcionales se convirtieron en portadoras de la esencia del pecado.

Los delitos de aquellas pecadoras empezaban en un pacto con el demonio que les obligaba a cometer crímenes contra la vida.

Por ello, encontramos que las acusaciones se volcaron, en muchas ocasiones, sobre mujeres que ya habían alcanzado la menopausia, mujeres que se dedicaban a controlar los partos, mujeres que tenían la posibilidad de provocar la anticoncepción o el aborto. De todas las maldades atribuidas a la bruja, había una que destacaba: la muerte de criaturas de corta edad. La mitologización del infanticidio, personalizada en las brujas, nos habla de un miedo cultural arraigado: el temor a que las mujeres fueran capaces de atentar no solo contra la vida humana, sino también contra el linaje patrilineal (Tausiet, 2019: 57-69).

Otra acusación sobre estas mujeres, finalmente, era que tenían poderes mágicos sobre la salud, que podían provocar el mal, pero también que tenían la capacidad de curar. A menudo se las acusaba específicamente de poseer conocimientos médicos y ginecológicos. Había una clara asociación entre la bruja y la comadrona. La Iglesia no se oponía a que las clases altas recibieran atención médica, pues éstas tenían sus propios médicos de corte, que eran varones y a veces incluso sacerdotes. Se aceptaba que médicos varones atendieran a la clase dominante bajo los auspicios de la Iglesia, pero no, en cambio, la actividad de las mujeres sanadoras como parte de una subcultura campesina. Para la Iglesia, la persecución de las sanadoras campesinas era contra la magia y no contra la medicina. Los hechizos se consideraban tan eficaces como las oraciones para sanar a los enfermos. Las «brujas» contaban con una multitud de remedios, experimentados durante años y años de uso, como analgésicos, digestivos y tranquilizantes; muchos de ellos se preparaban con hierbas que se siguen utilizando en la farmacología moderna. Las parteras, que hasta ese momento habían sido poco vigiladas y habían estado presentes en los partos, empezaron a convertirse en sospechosas. La Iglesia y la monarquía comenzaron a fiscalizar sus prácticas con la creación de los Protomedicatos, tribunales que dejaban los quehaceres de las parteras bajo la supervisión de los cirujanos, lo que supuso la institucionalización de la obstetricia y el parto y el primer paso para que la reproducción de las mujeres quedara en manos masculinas.

EL NACIMIENTO DEL NUEVO ESTADO MODERNO: LUTERO, TRENTO Y EL DISCIPLINAMIENTO DE LA POBLACIÓN

Con el agotamiento del régimen feudal en los siglos XIV y XV dio comienzo una nueva era, caracterizada por el nacimiento de los Estados Modernos, las monarquías autoritarias y las fuerzas de producción capitalistas. Estos cambios se produjeron con grandes convulsiones de la sociedad. La lucha más encarnizada contra las brujas coexistió con periodos de gran agitación social, que conmovieron los cimientos del feudalismo: insurrecciones campesinas de masas, conspiraciones populares, nacimiento del capitalismo y aparición del protestantismo. Las mujeres tuvieron un importante protagonismo en estas insurrecciones. Como se recoge en *Brujas, parteras y enfermeras* (Ehrenreich y English, 2019: 8-12), la caza adoptó diversas formas según el momento y lugar, pero sin perder en ningún momento su característica esencial de campaña de terror, desencadenada por la clase dominante y dirigida contra la población campesina de sexo femenino. Aquellas mujeres representaban una amenaza política, religiosa y sexual para la Iglesia, tanto católica como protestante, y también para el Estado. Serán estos dos poderes los responsables de su persecución.

A partir de los siglos XIV y XV, los reyes europeos comenzaron a concentrar el poder que los siglos anteriores habían compartido con la nobleza, y trataron de centralizar el dominio sobre sus tierras, dando inicio al proceso de formación de los Estados modernos. Lo que habían sido pequeños reinos feudales empezaron a convertirse en grandes extensiones territoriales que, en algunos casos, como el de la Corona Hispánica, se vieron agigantados con territorios coloniales. Estos nuevos Estados Modernos presentaban necesidades desconocidas hasta el momento: por ejemplo, sus dimensiones dificultaban el control de todos sus rincones, lo que les obligó a buscar nuevas fórmulas que garantizaran la presencia del poder real en todas partes por recónditas que fueran. En ese sentido, consolidar un modelo de familia fuertemente jerarquizada funcionó como estrategia de centralización y validación del poder estatal. Los nuevos poderes no escatimaron esfuerzos para asegurar ese modelo como el único posible: la familia fuertemente jerarquizada será una transposición del propio Estado. Cada una de estas unidades familiares hacía las veces de un microestado que conseguía imponer la obediencia en su territorio.

En el desarrollo de la Modernidad también fueron determinantes las distintas reformas que se produjeron en el seno de la Iglesia católica. Diferentes pensadores, religiosos y políticos de Europa quisieron provocar un cambio profundo en las estructuras de la Iglesia. Para ello, negaron el poder del Papa sobre toda la cristiandad y crearon sus propios credos. Con el fin de contrarrestar el avance de las estas doctrinas protestantes que se estaban extendiendo por Europa (Alemania, Francia, Países Bajos, Suiza, Noruega, Finlandia, Dinamarca, Estonia y Hungría) la Iglesia católica decidió convocar un Concilio en Trento que tuvo lugar entre 1545 y 1563. El Concilio redefinió la doctrina católica apuntalando algunos aspectos doctrinales negados por las iglesias reformistas y buscó medidas para disciplinar a sus miembros contra las iglesias recién nacidas. De Trento llegaron a los países católicos dos elementos que tienen un particular interés en el caso que nos ocupa. Por un lado, el confesionario como un mueble que se diseña por primera vez para reafirmar, tras el cuestionamiento protestante, la obligación de la confesión. A partir de este Concilio, se obligó a los creyentes católicos a describir sus pecados ante un sacerdote que se encargaría de imponer la penitencia debida. Por otro lado, para instruir al sacerdocio en el arte de la confesión, comenzaron a publicarse instrucciones para sacerdotes, libros de espiritualidad y manuales de confesores que se convirtieron en verdaderos recetarios morales. En ellos presentaban las listas detalladas de los pecados más comunes. En los territorios de la Corona Hispánica, fueron un total de 692 títulos de teología moral, entre 1500 y 1670, según Morgado García (1997: 119-148). Estos confesionales se volvieron imprescindibles para la modulación de conductas, porque determinaron lo que eran el pecado y la virtud. Las mujeres, que no aparecen como sujeto sino objeto de pecado en estos textos, pecan cuando no muestran obediencia al padre, hermano, marido o hijo. Además, hay un interés recurrente sobre las conductas sexuales y femeninas. Según Andrea Arcuri (2018: 179-213), para entender la importancia que la Iglesia atribuía a los pecados sexuales en la Edad Moderna, basta decir que en la escala de delitos más destacados están los que se refieren al sexto y al noveno mandamiento («no cometerás adulterio» y «no consentirás pensamientos impuros»), especialmente, las prácticas *contra naturam* vienen justo después del crimen de lesa majestad. Según este autor, estas obras de literatura confesional, por su función de adoctrinamiento de los sacerdotes, constituyeron un artefacto que agravó la condición de sometimiento de las mujeres a lo largo de la Edad Moderna.

El Concilio de Trento también desplegó un enorme repertorio de imágenes de santas y escenas religiosas con un especial desarrollo de las que van a representar la idea de la virtud para las mujeres: la figura de la Virgen María, madre, pero virgen. Se señalaba así el papel de las mujeres en la nueva sociedad: rendir obediencia a la autoridad del *pater familias* y asumir su papel de madres, pero sin disfrutar de su sexualidad. Este modelo de familia fuertemente jerarquizado se consolida como paradigma y también como trasunto de la monarquía autoritaria recién instaurada.

A través del confesionario, se desarrolló la conciencia del pecado de tal forma que se consiguió imponer una siniestra forma de vigilancia social, basada en la autovigilancia y el control individual de las conductas. De esta manera, la labor de los sacerdotes se volvió imprescindible para asentar las bases de la nueva forma del Estado: por un lado, se conseguía información de los fieles, por otro se dictaban instrucciones de comportamiento.

Uno de los manuales más influyentes del periodo contrarreformista fue el *Manual de confesores y penitentes* (1554) de Martín de Azpilicueta. Su autor, un hombre de Estado, fue consejero de Felipe II y Juan III de Portugal. Fue también fundador de la Escuela de Salamanca, junto con Domingo de Soto y Francisco de Vitoria. Esta escuela, de gran repercusión internacional, fue la primera en ocuparse de las dimensiones económica, moral y jurídica que se derivaron del innovador sistema comercial y de la mentalidad mercantilista generada en Europa durante la Modernidad y el descubrimiento del Nuevo Mundo. En los libros de confesión no solo se desarrolla el concepto de pecado, sino también otros asuntos como el justo precio o la usura, de forma que en sus páginas se despliega un lenguaje económico para el capitalismo en ciernes.

La Escuela de Salamanca formó un importante foco humanista, renovó la teología, sentó las bases del Derecho moderno de gentes, del Derecho Internacional y fue precursora de los primeros Derechos Humanos. Pero algunos miembros de la misma fueron también los autores de los textos de literatura didáctica moral más importantes para el establecimiento del ideal cristiano de conducta femenina. Se trata de los textos de Juan Luis Vives *De institutione Feminae Christianae* (1524) y *De officio mariti* (1529) y de Fray Luis de León *La perfecta casada* (1583). En estos textos, que han tenido una notabilísima influencia posterior en el imaginario femenino, sorprende que aparentemente apenas se hable de maternidad. Ambos tratadistas se ocuparon muy poco de la madre y, sin embargo, dedican mucho espacio a la esposa. Al hablar de esta, no obstante, nos explican que su finalidad dentro del matrimonio es la multiplicación del linaje humano. Por lo tanto, la función procreadora está dentro y supeditada a la condición de esposa. (López Cordón, 1998: 108-110)

Trento también desarrolló la doctrina sobre el matrimonio manifestando la importancia del mismo en la Europa de la época. Su doctrina se centra en tres aspectos fundamentalmente. En primer lugar, se defiende una distinta consideración entre el esposo y la esposa. En segundo lugar, se desarrolla una regulación de la vida conyugal. Por último, se establece que la conservación de la especie es el fin del matrimonio. El matrimonio debía tener como objetivo primordial la continuidad del linaje. El cometido de la esposa era, por lo tanto, su función procreadora.

Los tratadistas de Trento, igual que los miembros de la Escuela de Salamanca y los autores de las obras didáctico-morales del siglo XVI, ponen de manifiesto otra vez la preocupación por el crecimiento de la población. Era la suya una sociedad que se veía diezmada periódicamente y que estaba obsesionada por la natalidad y el crecimiento demográfico. La natalidad, en ese momento, era muy alta; pero también la mortalidad, especialmente, la infantil. La esperanza de vida estaba en los 28 años y la mitad de los niños que nacían no llegaban a cumplir los cinco años. Desde el siglo XVII, los arbitristas pusieron de manifiesto la relación entre la pérdida de riqueza de la monarquía española y la pérdida de población y señalaron que la población era riqueza para la Corona. Hicieron, asimismo, una distinción entre población natural y población útil, entendiendo esta última como aquella que podía trabajar. Este planteamiento mercantilista es el que lleva a promover medidas para estimular la maternidad (López Cordón, 1998: 113-120).

Como hemos visto, ni la familia ni la maternidad ni la filiación eran asuntos particulares. Lo que nos encontramos en la Edad Moderna es la importantísima intervención de todas las Iglesias y del poder político en la vida familiar y en la maternidad. La maternidad se convierte en un debate público y, por lo tanto, de hombres. Los mismos hombres que establecieron la doctrina trentina, escribieron los manuales morales y establecieron las primeras reflexiones sobre economía. Se interesaron así por la demografía, al mismo tiempo que por el valor y el precio (y todos aquellos asuntos que inauguran el incipiente capitalismo) y desarrollaron una visión mercantilista de la maternidad. Aquellos humanistas de renombre, con sus escritos y su noción de pecado, convirtieron la vida, los cuerpos y la sexualidad de las mujeres en un asunto de Estado.

Otra cuestión que se puede apreciar en la Edad Moderna con respecto a la maternidad es el descubrimiento de la capacidad educadora de la madre. Tanto Lutero como los artífices de Trento entendieron que adoctrinar a las madres era volcar en ellas la acción del poder político: era importante incidir en la educación de las niñas que más tarde serían madres transmisoras de toda esta doctrina. Esto, sin embargo, no impidió su escasa autoridad en la familia ni las limitaciones jurídicas que suponía la condición de casada. La *Nueva Recopilación de las leyes de España* de 1567 permitía al esposo matar a su mujer en caso de adulterio. Además, la importancia del padre como elemento legitimador de la filiación y el linaje hizo que los vínculos materno-filiares resultaran poco visibles. Por ello, la figura de la madre interesó poco a moralistas y reformadores, que desconfiaron de su capacidad formativa y procuraron limitar su influencia a los primeros años de vida de los niños (López Cordón, 1998: 108-110).

Parece claro que entre los siglos XIV y XVII se preparó el papel que las mujeres debían tener en la nueva sociedad capitalista: el hogar y el cuidado de quienes iban a trabajar como brazos para el sistema, así lo proclamó la Iglesia y así lo hizo cumplir el Estado. La Modernidad supuso el reforzamiento de este papel de la mujer, ya que, como acabamos de ver, su potencial reproductor y las tareas hogareñas garantizaban la recomposición de la fuerza de trabajo adquiriendo así un valor primordial.

Podemos afirmar a modo de conclusión, que todas las confesiones europeas durante los siglos XVI y XVII persiguieron masivamente a mujeres a las que acusaron de brujería. Estas iglesias proveyeron el andamiaje de creencias que puso en marcha esta campaña de terror. Los poderes civiles fueron a su vez parte de las persecuciones; en muchos casos, los Estados fueron el motor de las mismas y en todos ellos fueron los responsables de las ejecuciones de aquellas mujeres acusadas de brujería. Especialmente sangrante fue el caso de la Corona Hispánica, que tenía a la Inquisición como parte de la estructura de su gobierno, siendo el Inquisidor general nombrado por el rey. Esta caza de brujas, con su poderoso programa moral, señalaba a las mujeres su rol social como madres-cuidadoras en los nuevos Estados y subordinadas a cualquier varón. La obsesión de las autoridades civiles por la fecundidad femenina y la mortalidad infantil hizo que aquellos programas morales quedaran plasmados en innumerables estatutos y legislaciones encargadas de facilitar la persecución de las supuestas culpables.

BIBLIOGRAFÍA

ARCURI, Andrea (2018). «El control de las conciencias. El sacramento de la confesión y los manuales de confesores y penitentes». *Chronica nova: Revista de Historia Moderna de la Universidad de Granada,* núm. 44, pp. 179-213.

_____ (2019). «Confesión y disciplinamiento social: dos paradigmas para la Historia Moderna». *Hispania sacra*, vol. 71, núm. 143, pp. 113-129.

_____ (2021). *Formas de disciplinamiento social en la época de la confesionalización: costumbre, sacramentos y ministerios en Granada y Sicilia (1564-1665).* Granada: Editorial Universidad de Granada.

INOCENCIO VIII (2004 [1484]). «*Summis desiderantes affectibus*». En *Malleus Maleficarum*. Valladolid: Maxtor.

DE LEÓN, Fray Luis (2022 [1583]). *La perfecta casada*. Alicante: Biblioteca Virtual Miguel de Cervantes.

EHRENREICH, Barbara y ENGLISH, Dreide (2019). *Brujas, parteras y enfermeras*. Barcelona: Bauma.

FEDERICI, Silvia (2021). *Brujas, caza de brujas y mujeres*. Madrid: Traficantes de Sueños.

_____ (2010). *Calibán y la bruja*. Madrid: Traficantes de Sueños.

LÓPEZ-CORDÓN, María Victoria (1998). «Familia, sexo y género en la España moderna». *Studia historica. Historia moderna*, núm. 18, pp. 105-134.

MORGADO, Arturo (2002). «Teología Moral y pensamiento educativo en la España Moderna». *Revista de Historia Moderna: Anales de la Universidad de Alicante*, núm. 20, pp. 97-116.

_____ (1997). «Pecado y confesión en la España Moderna: Los Manuales de confesores». *Trocadero: Revista de historia moderna y contemporánea*, núm. 8-9, pp. 119-148.

SPRENGER, Jacobus y KRAMER, Heinrich (2004 [1586]). *Malleus Maleficarum*. Valladolid: Maxtor.

TAUSIET, María (1997). «Comadronas-brujas en Aragón en la Edad Moderna: mito y realidad». *Manuscrits: Revista d'història moderna*, núm. 15, pp. 377-392.

_____ (1998). «Brujería y metáfora: el infanticidio y sus traducciones en Aragón (s. XVI-XVII)». *Temas de antropología aragonesa*, núm. 8, pp. 61-84.

_____ (2008). «Por el sieso y la natura: una lectura literaria de los procesos por brujería». *Edad de Oro*, vol. 27, pp. 339-364.

_____ (2019). «Malas madres. De brujas voraces a fantasmas letales». *Amaltea. Revista de mitocrítica*, núm. 11, pp. 57-69.

TARAUD, Christelle (2022). *Féminicides: Une histoire mondiale.* París: Editions La Découverte.

OTRAS REFERENCIAS

TARAUD, Christelle (2022). *Caza de brujas histórica.* II Encuentro feminista internacional sobre la caza de brujas; disponible en Internet (29.10.2022): *http://memoriadelasbrujas.net/ii-encuentro-feminista-internacional-sobre-la-caza-de-brujas*

TAUSIET, María (2016). *Brujas: el vuelo del mal.* Fundación Juan March; disponible en Internet (07.04.2016): *https://www.youtube.com/watch?-v=ojwlH_SMFhM*

DE LO NATURAL DE AMAR
Repensar la «mala maternidad» en la Edad Moderna

VICKY GUERRA

Por lo cual, téngase por dicho esta perfecta casada que no lo será si no cría a sus hijos, y que la obligación que tiene por su oficio a hacerlos buenos, esa misma le pone necesidad a que los críe a sus pechos [...]. Natural es a las madres amarlos [...]; de donde se entiende que el decir «que los amen» es decir que los críen [...], y con gran propiedad porque el no criarlos es venderlos y hacerlos no hijos suyos, y como desheredados de su natural, que todas ellas son obras de fiero aborrecimiento, y tan fiero, que vencen en ello aun a las fieras, porque, ¿qué animal tan crudo hay, que no críe lo que produce, que fíe de otro la crianza de lo que pare?

(Fray Luis de León, 1583: 136).

«No ser virgen y no ser madre era ser prostituta. Las únicas categorías legítimas eran virgen/no madre (monja y mujer soltera) o madre/no virgen (mujer casada)» (Franco, 1994: 95). Con esta contundente reflexión Jean Franco explica la idea hegemónica de lo que se esperaba de una mujer en la Edad Moderna. Se entendía a la mujer siempre desde la dualidad, imponiendo la mentalidad, valores y religiosidad sobre sus cuerpos y sus comportamientos. O bien eran buenas/malas, o castas/prostitutas, o casadas/viudas, o madres/cortesanas, o vírgenes/alcahuetas. Así, el sujeto mujer estaba muy definido y encorsetado, eran mujeres blancas de clase media-alta cuyo papel estaba controlado por un hombre, ya fuera como virgen, como madre o como monja:

> El *ethos* burgués moderno de la «feminidad» prescribe que las mujer*s «buenas» desempeñen tareas sin pago dentro de la familia y fuera de ellas, con amor abnegado, cuidado esmerado y paciente cariño. El *ethos* de la «verdadera feminidad», del amor romántico y de la domesticidad define la naturaleza de las mujer*s como «ser para los demás» por medio de la maternidad real o espiritual. (Schüssler, 2000: 64)

En el caso de que se salieran de esta identidad, independientemente de si fuera su raza, su capacidad, su trabajo o su clase, no solo las hacía menos mujeres, sino también sujetos que debían ser temidos, controlados y encarcelados. Por otro lado, la feminización también jugará un rol importante en la colonización, pues toda otredad se asimilará a lo femenino en la búsqueda del control a través de la religiosidad. Cuanto más «mujer» más controlables creían a los sujetos.

Esto explica que las mujeres en la época posmedieval fueran entendidas, normalmente, en su vínculo o relación con los hombres, es decir: madres, hijas, esposas y hermanas, prevaleciendo siempre su sexualidad y su capacidad reproductiva. Una de las bases que fundamentan esto será la teoría monosexual, explicada a través de la *Teoría de los humores*. Esta propone a las mujeres como un derivado imperfecto de los hombres (Laqueur, 1990). Dentro de la medicina humoral o galénica, la feminidad también es pensada desde la maternidad, la familia, la moral y la virtud. Por desgracia, para la sociedad, las mujeres importaban exclusivamente por su capacidad de engendrar pues, por lo demás, eran hombres imperfectos. Incluso, en este acto reproductivo, son los hombres los que ponen la cualidad activa, ya que las mujeres debían ser: «Seres pasivos, asexuados, más obedientes» (Federici, 2010: 157). Esto también aparece representado en la filosofía. Acostumbramos a ver en la filosofía medieval y moderna teorías que adjudican a la mujer un plano secundario y maternal, pero en este caso, también aparece en la hecha por mujeres, como es el caso de Christine de Pizan. Para ella la naturaleza sigue presente en su vínculo con las madres. Las «sabias» asumen la responsabilidad, crianza y educación de sus hijas (Pizan, 1406). Quizás su visión tiene algo que la masculina obvia: el poder de crear una descendencia que abogue por la libertad e independencia.

Asumiendo esta naturalidad, en un sistema cisheteropatriarcal como es el Antiguo Régimen, en el que toda disidencia era castigada, la maternidad también supone un espacio de control y sumisión. Se esperaba de las mujeres el ser madres, por lo que no cabe duda de que este trabajo será delimitado por férreas reglas que rijan el comportamiento y poder de todas ellas. La maternidad estaría bajo el yugo de normas sociales a la par que judiciales y debates teológicos. El amor maternal, por ejemplo, conformará lo que ha de ser una «buena madre» y, por ende, una «mala madre» y «mala mujer». Cualquier desviación de lo que los hombres planteaban como canon o el incumplimiento de este destino será arrumbado a la marginalidad y fuertemente castigado.

Se esperaba de ellas ser alimentadoras, ser la «cuna» del bebé —pues si el bebé no se encontraba allí, estaría en brazos de su madre—. Debían darles calor, alimento y mantenerlos cuidados, pudiendo perder la credibilidad en juicios y tribunales si se comprobaba que habían dejado a sus criaturas desatendidas (Hufton, 1993). En el caso de las mujeres casadas, este castigo estaba amparado por las leyes y la sociedad, como en el Reino de Castilla, donde se contemplaba el uso de la *Marital corrección*. Esta figura legislativa en la Baja Edad Media y principios de la Edad Moderna otorgaba al marido el poder de «corregir» a la mujer mediante una violencia sin miramientos. Eran castigos que buscaban «reeducar» e imponer unas formas específicas de actuar, coartando la libertad de las mujeres (Morte, 2012). Eran prácticas no solo habituales, sino que en algunos casos, recomendadas. Estas aparecen en otras geografías, como se muestra en *La ciudad de las damas* de Christine de Pizan para el caso francés:

¡A cuántas mujeres podemos ver, y tú conoces algunas, querida Cristina, que por culpa de la crueldad de un marido desgastan sus vidas en la desgracia, encadenadas a un matrimonio donde reciben peor tratamiento que las esclavas de los moros! ¡Dios mío, cómo les pegan, a todas horas y sin razón! ¡Cuántas humillaciones, ataques, ofensas, injurias tienen que aguantar unas mujeres leales, sin gritar siquiera para pedir ayuda! Piensa en todas esas mujeres que pasan hambre y se mueren de pena en unas casas llenas de hijos, mientras sus maridos se enfrascan y andan vagando por todos los burdeles y tabernas de la ciudad. Y todavía, cuando ellos vuelven, ellas pueden recibir como cena unos buenos golpes. Dime si miento o si no es el caso de algunas vecinas tuyas (1405: 171).

También fueron usadas como método de sumisión en los Virreinatos, como en el del Río de Plata: «Si, amonestada dos o tres veces por causa grave, no conformase su conducta, le era lícito azotarla con moderación para que se corrigiera y enmendase» (Torrecilla, 1696: 6).

Partiendo de que el destino de la mujer es este, una «mala madre» puede entenderse desde distintos puntos. En primer lugar, una «mala madre» es toda aquella que no materne fuera de los muros de un convento. Es decir, mujeres intelectuales, trabajadoras, discapacitadas, disidentes de género, beguinas, beatas o emparedadas, que no quisieran tener hijes, todas ellas caben bajo esta etiqueta. Estas tres últimas con especial hincapié, ya que eran modelos religiosos que fueron considerados como heréticos y ampliamente perseguidos.

Por otro lado, se encuentran todas aquellas que, en efecto, son madres, pero su forma de maternar no se adhiere a las expectativas masculinas. Aquí encontraremos a madres solas, madres negligentes, madres que hayan abortado o quieran hacerlo, madres adúlteras,[2] madres que recurran al infanticidio, prostitutas, brujas, criminales, madres que busquen una crianza igualitaria, madres que

---

2. A partir de 1349 el adulterio era tipificado como un delito exclusivamente femenino, pudiendo ser castigado con la pena de muerte.

disfruten de una sexualidad no reproductiva... Es importante tener en cuenta las realidades de estas mujeres al hablar de una «mala maternidad» desde una óptica negativa, como puede ser la negligencia o el infanticidio. Se debe partir de su contexto, necesidades y paradigmas sociales cuando nos acercamos a los juicios que se hacen sobre ellas. Entender que el grupo más azotado por la pobreza fue el feminizado. Esto se puede ver en el caso de Escocia, donde en el siglo XVII se instaura un sistema de espionaje que vigilaba a las madres solteras coartándoles tanto de privacidad, como de apoyo social al hacer ilegal acoger a estas mujeres (Wiesner, 1993). En el Estado español puede verse en el testimonio de Catalina de Lázaro, de 1596,[3] recogido y explicado por Amaia Nausia (2013: 44):

> El hambre y la necesidad podían llevar a situaciones extremas. La vecina de Lerín, Catalina de Lázaro, podía dar buena cuenta de esta dura realidad. A menudo, «por estar la casa desta testigo y la de Ana Bastero pared en medio, y el medianil tan delgado y roto que se oye todo lo que se habla de una casa en la otra», escuchaba cómo la viuda Ana Bastero enviaba a su hija a citarse con diferentes hombres de la villa. Una noche la madre increpó a su hija, «¡ven acá, mala mujer! ¿Por qué no traes más dineros?», a lo que la joven contestó «válgala el cuerpo del diablo, ¡qué más querría!». La madre, indignada, exclamó: «¡Vete de ahí puta y tráeme dineros si quiera sea de casa del diablo!». Según Catalina, una noche en la que la joven se quedó con ella a dormir vinieron varios hombres en su busca y, tan asustada estaba la muchacha, que rogó y rogó a Catalina que le dejase ir pues, de lo contrario, su madre se enfadaría. Catalina se negó y la moza pasó toda la noche llorando.

Escapar de estos roles «naturales», fuera de las clases acomodadas, es adentrarse en la criminalidad. Como explican Farge y Zemon: «Hay algo que amenaza más aún que el cuerpo femenino y su

---

3. Testimonio de Catalina de Lázaro, Lerín, 1596. AGN, Tribunales Reales. Procesos, n° 148947, fol. 21v-23r y 26r-27r.

sexualidad: la mujer debe ser madre, y no hundirse en ninguna desviación» (Farge; Zemon, 2000: 17). Esto puede llevar a las mujeres al encierro, a juicios, al destierro o la pena de muerte y a la hoguera. En esta intersección entre mujer, maternidad y criminalidad es donde también se fraguarán algunas de las ideas en torno a la brujería.

LA MALA MADRE, A LA HOGUERA

Una de las formas en las que las «malas madres» o las «anti-madres» han sido representadas es a través de esta idea de la brujería. Una vez más, la caza de brujas nos muestra el férreo control que hubo en la Edad Moderna sobre el cuerpo femenino y disidente mediante la imposición de los estándares canónicos, exigidos por la Iglesia y sus tentáculos en las monarquías. La bruja, representa todo lo que una madre no debe de ser: una mujer libre, con poder, capaz de transmitir sus «delirios» a su descendencia, un ser puramente sexual, supuestamente descarriado... A este respecto, encontramos dos formas en las que se retrata a las «malas madres» desde la brujería: la perversión del rol de cuidadora y la bruja caníbal. Esto suele estar reflejado en las imágenes, pero también en textos que las retratan como infanticidas. Charles Zika (1997) explica que un amplio tema de debate fue la maternidad malvada.

La perversión del rol de cuidadora está fundamentada en la capacidad de transmitir a su descendencia al «maligno», uno de los mayores miedos de la sociedad moderna. La mujer tiene el poder de engendrar y el deber de educar, por lo que su cercano vínculo con la descendencia es peligroso. Al ser consideradas como seres de mentalidad frágil y de fácil embaucamiento, ponían en peligro a la familia y, por ende, a la ciudad y al Estado. Como explican los frailes dominicos Sprenger y Kramer en *El martillo de las brujas*: «Las mujeres son preferidas por los demonios para asociarlas a sus acciones y no ocurre así con los varones; por ello el ángel homicida procura asociarse más con las mujeres que con los hombres» (Sprenger, Kramer, 1487: Cuestión 11). En su obligación de educadoras, es importante la transmisión de los valores y el papel que cumplen en la vida de sus hijas. Son responsables de ellas, de sus conductas y de sus actitudes, también de su vínculo con el demonio. Esto se puede ver en acusaciones de brujería:

> Se agrava más el delito de alcahuetería por hacer la dicha Ana Bastero que su dicha hija [...] [viniese] a andar en sus tratos no lícitos ni permitidos y haberle servido de tercera a la dicha su hija con muchas y diferentes personas y en diferentes tiempos y lugares provocándola e incitándola a que hiciese mal de su cuerpo y que fuese mala, como lo ha sido, y enviándola a que aquella ganase dineros y si no lo traía reñirle, delito gravísimo, y digno de castigo ejemplar por ser madre y debiéndole dar buenos consejos y que viviese su hija recogida y honradamente, la ha hecho hacer al contrario.[4]

Por otro lado está la imagen de la bruja caníbal. La Iglesia, en su poder hegemónico colonizador, a través de la religión y el folklore pagano, asocia a las mujeres con Saturno, un ser mitológico que devora a sus propios hijos. Así, la bruja será la malvada madre que transgrede las doctrinas religiosas y el devenir de la naturaleza, cometiendo infanticidio (Zika, 2007: 231). Se creará un imaginario común en el que las brujas devoran a sus hijos en sacrificio al Demonio, en sus rituales y akelarres, en busca de su propio beneficio, dejando de lado a su familia, teniendo un gran sesgo racista y antisemita. Esto también se recoge en *El martillo de las brujas* (1487): «Cuando no triunfan en el aborto, o bien devoran al niño o lo convierten en ofrenda al demonio (...) Algunas brujas, yendo contra la inclinación de la humana naturaleza, e incluso contra la de todas las bestias, exceptuando únicamente a la loba, tienen el hábito de despedazar y comer niños» (Sprenger, Kramer, 1487: Cuestión 11).

Estos paradigmas en torno a la «mala madre-bruja» son la sintomatología de una sociedad profundamente racista, capacitista y patriarcal. En la que el modelo de mujer es impuesto por un poder

---

4. Acusación del Fiscal contra María Pérez, Pamplona, 1601. AGN, Tribuales Reales. Procesos, n° 284126, fol. 7r-7v (Nausia, 2013: 46).

hegemónico y tiene unos paradigmas concretos, que cumplen un papel principal: servir al hombre. Las mujeres han de ser las que ofrezcan el alimento, la educación y los cuidados. Al no cumplir esto, la imagen de las que desechan este paradigma es totalmente pervertida, para asegurar la estabilidad de las monarquías y la Iglesia. Así, son asociadas con la brujería y se transgrede toda su privacidad, llevándolas a la muerte porque rompen con el rol de la domesticidad. Todo esto no es más que el reflejo de las ansiedades de la contemporaneidad moderna, en la que urgía una estabilidad natal, evitar la infertilidad y los abortos, aumentar la población y asegurar el dominio de la Iglesia sobre la humanidad. Las mujeres no podían ejercer libremente sus conocimientos porque esto iba en contra de las nuevas estructuras de poder. Es el protocapitalismo uno de los culpables de esta violencia hacia las mujeres.

LA MADRE INFANTICIDA

A raíz de los paradigmas de acusación de brujería, se puede ver la necesidad que hubo de delimitar los comportamientos femeninos en cuanto a la descendencia. Una de las grandes preocupaciones fue el infanticidio. Durante la Baja Edad Media y a lo largo de la Edad Moderna, esto estuvo muy presente tanto en acusaciones de brujería, como en procesos judiciales y encarcelamientos forzados. Como explica Walter Stephens (2002), una de las principales imágenes de «malas mujeres» fue esta acusación de homicidio voluntario hacia su descendencia.

Durante el siglo XVI y XVII, gran parte de mujeres ejecutadas fueron acusadas de infanticidas, pues estaba ligado a la ruptura de las normas reproductivas. También esto influirá en la desconfianza en las parteras por el control que pudieron ejercer sobre la reproducción femenina (Federici, 2010). La profunda religiosidad de la época y los cambios en los paradigmas políticos y sociales hacía que la violencia de estas madres no pudiera ser explicada de forma racional. Si estas descendían de la Virgen, una mujer que dio la vida a Cristo y que era pura, santa y venerable, no se concebía que este género pudiera romper con esta trayectoria y asesinara a sus hijos (Roper: 1996). Las mujeres debían sentir el dolor de la muerte de sus hijos, la Piedad, no ser quienes ejercieran este cruel acto. Como explica María Tausiet: «Las madres tenían que desaparecer para que el ideal pudiera perdurar y de este modo permitir que la Madre, con mayúsculas, floreciera como un símbolo del eterno femenino, y la madre patria y la familia misma, como el más elevado desiderátum» (2019: 59).

A pesar de esto, la religión tiene un doble filo: Lilith, la representación de madre infanticida, popular en el folklore medieval. Lilith sería el origen del pecado femenino, transmitiendo la lujuria al entregarse a los demonios, negarse a someterse a Adán y generando la furia de Dios, al convertirse ella misma en un demonio. Esto último provocaría el pecado inicial del infaticidio. Dios la castigaría haciendo que cada día muriesen cien de sus hijos. Ella responde robando bebés a sus madres para poder seguir ejerciendo la maternidad. Así, las madres infanticidas estarían también representadas en la religiosidad y, por lo tanto, para evitar que esto fuera usado en beneficio propio, este mito, entre otros textos, se usó para convertir al infanticidio en un elemento legislable; esto se consolidó en el siglo XV, sobre todo a través de las acusaciones por brujería (ídem).

Por otro lado, es interesante acercarse al infanticidio desde una mirada sensibilizada y cuidadosa. Como se ha planteado, la pobreza estaba tremendamente feminizada en la Edad Moderna. Partiendo de esta idea, y de la ausencia de métodos anticonceptivos seguros y permitidos, el infanticidio pudo ser usado para asegurar estabilidad económica en la familia y «libertad» femenina. Esto no le quita peso ni crudeza a este acto, pues las madres sufrieron terriblemente con estas prácticas, pero muchas de ellas las llevaron a cabo por causas de fuerza mayor. Muchas pudieron haber quedado embarazadas estando solteras, violadas, siendo monjas, en relaciones extramatrimoniales, siendo viudas, sin tener capacidad económica... y su descendencia solo tendría dos futuros posibles: el abandono o la muerte. Como explica Irene González (2013: 31), uno de estos paradigmas se recoge en las *Cantigas de Santa María*, en la 17:

Un relato verdaderamente sórdido en el que una mujer, ya viuda, mantiene relaciones incestuosas con su propio hijo, no dudando después en desprenderse de su hijo-nieto, arrojándolo por el agujero de una letrina, sin administrarle siquiera el bautismo. Ningún tipo de atenuante puede aducir la viuda ante tal actitud. Sin embargo se arrepiente y reza ante la Virgen, quien acaba por perdonarla.

Este perdón de la Virgen es desde el que tenemos que mirar en la actualidad el infanticidio. Las mujeres, en una vida violenta y exigente como fue la sociedad del Antiguo Régimen, no tenían las facilidades actuales para existir con «libertad» en el espacio urbano, y menos para hacerlo embarazadas o siendo madres. Desde la pobreza, a la dificultad de hacer trabajos que requirieran fuerza durante el embarazo, como trabajar en el campo, el malestar del proceso de gestación o las recurrentes violaciones; tenían que tener medios para poder protegerse.

Es importante evidenciar la lucha que hubo por no sucumbir al borrado y arrumbamiento del conocimiento femenino. Se les impidió acceder al control de sus cuerpos y los abortos seguros empezaron a prohibirse. Se les impidió acceder a la educación, como a la educación reglada de las universidades. Empiezan a ser rechazadas por la sociedad, siendo tachadas de brujas. Poco a poco su libertad queda cada vez más cercada, dejándoles aún menos espacio de existencia. Quizás la crudeza de este tipo de violencia fue lo último que les quedó.

EL INFIERNO DE NO SER BUENAS MADRES, LAS «MALAS MUJERES PECADORAS»[5]

A modo de conclusión, resulta interesante acercarse a las formas en las que estas mujeres fueron reprendidas. Como explica Sol

---

5. Como explica Sol Abejón (2024), «malas mujeres pecadoras» era la forma en la que se hablaba de las mujeres en los textos legales de la época cuando se trataba de su encarcelamiento. Este término de «malas mujeres pecadoras» lo usa Abejón en la versión original de su libro *Males fembres pecadores? Genealogia de la cultura del càstig i les presons de dones a Barcelona*, Barcelona, Descontrol, 2021.

Abejón (2024), el sistema estaba (y sigue estando) diseñado para la persecución de toda mujer y disidencia que se sale del paradigma de madre benevolente y buena. Para todas estas mujeres, se crearon espacios exclusivamente para reconducir su desviación: las cárceles, los emparedamientos forzados, la clausura monacal forzada... Desde la Baja Edad Media, en lugares como Barcelona, empiezan a aparecer instituciones municipales dedicadas al castigo femenino. Curiosamente, espacios que, hasta la investigación de Abejón, eran entendidos como conventos, fueron cárceles del Ayuntamiento dedicadas a la represión de las mujeres. Aquí, maridos y padres podían encerrar a sus hijas y mujeres sí ellos lo deseaban. Sin juicios, sin otra forma de salir que no fuera su palabra, sin decisión alguna, sin voluntad propia. Instituciones como *la Casa de las Egipciacas* acogieron a mujeres para su supuesta corrección. Mientras ellos, los maridos, tenían en sus manos la fuerza de poder ejercer la *Marital corrección* o el uxoricidio sin ser castigados, ellas veían sus vidas limitadas a la voluntad del *pater familias* si querían una mínima libertad.

En estas instituciones correctivas podemos ver un claro reflejo con las instituciones franquistas, como el Patronato de Protección a la mujer, que cumplía la misma función. No es de extrañar que a estos espacios lleguen, entre otras, mujeres embarazadas y sus bebés robados. Según el juicio de las carceleras, sus madres, malas y pecadoras, no les podían ofrecer un buen hogar en el que criarse bajo los paradigmas religiosos y morales de la época. No eran capaces de cuidar, porque no las creían capaces de cuidarse a sí mismas y, honestamente, creerían que la educación que les pudieran ofrecer a sus hijas iría en contra de la honra de la familia y de la ciudad. En esta «nueva casa», la cárcel, las mujeres obtenían una nueva madre, las carceleras, el Estado y la religión. Como propone Abejón (2024), es llamativo el hecho de que estas instituciones fueran llamadas «casas»: la Casa de las Arrepentidas, la Casa de las Egipciacas... La casa es el espacio de poder femenino por excelencia y es el espacio de educación. En cierta manera, estos espacios ponen en duda el rol original de las madres de estas mujeres. Se les impone una nueva forma de ser a través de una educación otorgada por unas «nuevas madres», negando la que ya habían recibido. Si estas mujeres habían llegado hasta allí, la educación que habían recibido por parte de sus madres era peligrosa y debía ser corregida, como se ha visto anteriormente con el Demonio. Las «malas hijas» son un sinónimo de las «malas madres». La mujer ya desde su nacimiento era considerada un fruto podrido según la *Teoría de los humores* y, efectivamente, esto lo demostraba.

La entrada y atemorización de estos sujetos fue relativamente fácil, la sociedad se sirvió del murmullo y la sospecha como una forma de vigilar y castigar a las mujeres. Al ser puestas en el punto de mira continuo, ya fuera por los hombres de sus familias para encerrarlas o por el resto de vecinos para perseguirlas por brujas, las mujeres debían ir con gran cuidado, pues sus pasos eran mirados con lupa. Nausia explica que esto era tremendamente recurrente: «Notado el mal comportamiento de una de aquellas madres, los vecinos pasaban de la observación a la acción, siendo los consejos y el reproche algunos de los principales instrumentos para encauzar a aquellas malas madres» (2013: 48). A pesar de esto, y como escribió María de Zayas: «¡Oh, válgame Dios, y qué confiados son hoy los hombres, pues no temen que lo que una mujer desesperada hará, no lo hará el demonio! Piensan que por velarlas y celarlas se libran y las apartan de travesuras, y se engañan» (1627: 142). Las mujeres tuvieron otras herramientas para resistir y subsistir y no se quedaron tranquilas en el rol sumiso. A pesar de las violencias que las supuso el ser una «mala madre» o «mala mujer», muchas de ellas siguieron ejerciendo estos paradigmas asumiendo la violencia, como es el ejemplo de Christine de Pizan, Margarita Porete y un sinfín de mujeres libres, místicas, libertas, beatas, beguinas, monjas, emparedadas, esclavas, colonizadas... que, a su manera, empoderaron una «mala maternidad» o el ser «malas mujeres» para poder llevar la vida que ellas mismas deseaban.

BIBLIOGRAFÍA

ABEJÓN, Sol (2024). *Pecadoras: Genealogía de la cultura del castigo y las prisiones de mujeres*. Barcelona: Descontrol.

DE LEÓN, Fray Luis (2022 [1583]). *La perfecta casada*. Alicante: Biblioteca Virtual Miguel de Cervantes.

DE ZAYAS, María (2021 [1637]). *Desengaños amorosos*. Madrid: Cátedra.

FARGE, Arlatte; ZEMON DAVIS, Natalie (2000). «Los trabajos y los días». En PERROT, Michelle y DUBY, George (eds.), *Historia de las Mujeres 3: Del Renacimiento a la Edad Moderna*. Madrid: Taurus, pp. 16-55.

FEDERICI, Silvia (2010). *Calibán y la bruja: Mujeres, cuerpo y acumulación originaria*. Madrid: Traficantes de Sueños.

FRANCO, Jean (1994). *Las conspiradoras. La representación de la mujer en México*. México: Fondo de Cultura Económica.

GONZÁLEZ HERNANDO, Irene (2013). «El infanticidio». *Revista Digital de Iconografía Medieval,* núm. 5(9), 29Y42, 2013.

HUFTON, Olwen (1993). «Mujeres, trabajo y familia». En DUBY, George; PERROT, Michelle (eds.), *Historia de las mujeres: Del Renacimiento a la Edad Moderna*. Barcelona: Taurus.

MORTE ACÍN, Ana (2012). «Que si les oían reñir o maltratar el marido a la mujer la socorriesen: familia, vecindad y violencia contra la mujer en la Edad Moderna». *Revista de Historia Moderna*, núm. 30, pp. 211-227.

LAQUEUR, Thomas W. (1990). *La Construcción Del Sexo: Cuerpo y Género Desde Los Griegos Hasta Freud*. Madrid: Cátedra.

NAUSIA PIMOULIER, Amaia (2013). «Talis mater, talis filia: las malas madres en los siglos XVI y XVII». *Memoria y Civilización*, núm. 16, pp. 27-54.

PIZAN, Christine (2021 [1405]). *La ciudad de las damas*. Madrid: Siruela.

_____ (2003 [1405], *The Treasure of the City of Ladies: Or the Book of the Three Virtues*. Londres: Penguin.

ROPER, Lyndal (1996). «Witchcraft and Fantasy in Early Modern Germany». En LEVACK, Brian P. (ed.), *Witchcraft in Early Modern Europe. Studies in Culture and Belief*. Cambridge, Cambridge University Press.

SCHÜSSLER FIORENZA, Elisabeth (2000). *Cristología feminista crítica: Jesús hijo de Míriam, Profeta de sabiduría*. Madrid: Trotta.

SPRINGER, Jacob; KRAMER, Heinrich (1584). *Malleus maleficarum*. Lyon: Jacques de Giunta.

STEPHENS, Walter (2002). *Demon Lovers. Witchcraft, Sex, and the Crisis of Belief*. Chicago: The University of Chicago Press.

TORRECILLA, Martín de (1696). *Suma de todas las materias morales.* Madrid.

WIESNER, Merry E. (1986). *Working Women in Renaissance Germany.* New Brunswick: Rutgers University Press.

ZIKA, Charles (1997). «Cannibalism and Witchcraft in Early Modern Europe: Reading the Visual Images». *History Workshop Journal*, núm. 44, pp. 82-84.

_____ (2007). *The Appearance of witchcraft print and visual culture in sixteenth-century Europe.* Londres: Routledge.

METRÓPOLIS VERSUS MADRES

La colonización de la maternidad: el caso de los Andes

DIANA EGUÍA

La creación de la madre abnegada es uno de los primeros movimientos colonizadores. La Europa moderna forzó la implantación del binarismo de género en aquellos pueblos que funcionaban de otras maneras, como los andinos, donde, en opinión de Irene Silverblatt (1987: 31), la sociedad se regía por un «paralelismo de género» que diferenciaba dos sexos sin anteponer los derechos y necesidades de los unos sobre las otras.

Lo primero que se aplicó después del hecho colonial de 1492 no fue el capitalismo, sino el heteropatriarcado europeo, entendido como la suma de todos los sistemas de opresión: el del varón blanco cis heterosexual sobre las personas racializadas, las otras identidades de género, el sujeto histórico mujer, los animales y la naturaleza en su conjunto. La colonización supone el establecimiento de la jerarquía y la diferencia, una pirámide donde solo este sujeto privilegiado ocupa la cúspide. Es el nacimiento del racismo, clasismo, sexismo y el extractivismo medioambiental moderno. Como se ve en el dibujo de Bennholdt-Thomsen y Mies (Fig. 1), la cima económica provoca la gradación del resto, como una máquina imparable de explotación y exclusión. El binarismo fue el patrón sobre el que se asentaron los comportamientos discriminatorios. Por ejemplo, el racismo moderno se basa en la mayor o menor cercanía al ideal del blanco. Explica Laura Lewis que los indígenas eran entendidos como femeninos en tanto débiles; mientras que

los africanos eran masculinos en tanto agresivos, incluyendo las
mujeres africanas de origen o descendencia, cuyo lugar ocupaba
una suerte de espacio liminal: «Si la indianidad implicaba un tipo
de pasividad que feminizaba a los hombres y mujeres indios, la
negritud entrañaba un tipo de capacidad de acción que masculini-
zaba a los negros y a las mujeres»[6] (2003: 73).

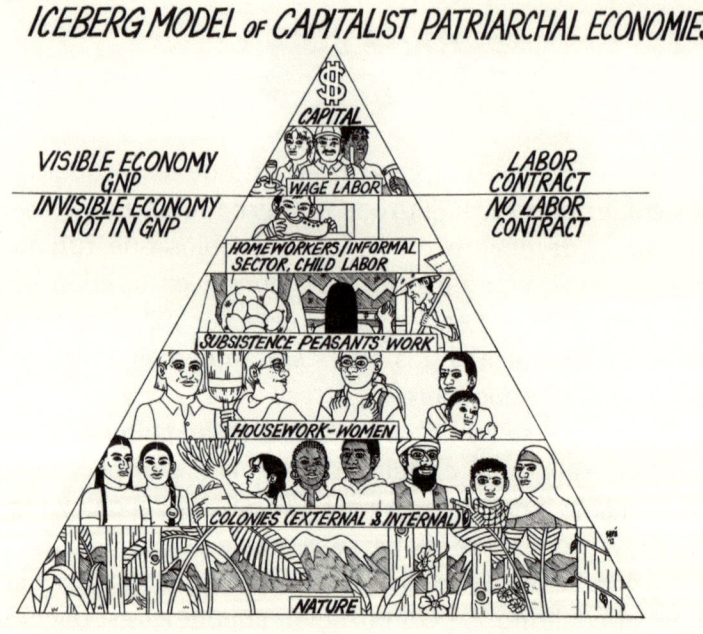

Figura 1. El modelo iceberg de las economías capitalistas patriarcales.
Fuente: Veronica Bennholdt-Thomsen y Maria Mies (1999)

Es en el Viejo Continente donde se comienza a disciplinar el comportamiento de la madre. La colonización del cuerpo materno es
un proceso que también puede rastrearse en las mujeres europeas
desde la Baja Edad Media hasta el Renacimiento, ya que «nadie

6. La traducción es mía.

puede escapar de estas jerarquías de clase, raza, sexo, género, lingüísticas, geográficas y espirituales del sistema-mundo capitalista/patriarcal/moderno/colonial» (Meloni, 2022: 174). Sin embargo, es en los cuerpos racializados donde la violencia sexual y reproductiva mostrará su faceta más abyecta. De acuerdo con Ruth Perry, la maternidad se convierte en una forma colonial con la Modernidad, la contrapartida del cercamiento de tierras en casa, una adaptación del imperativo político imperial consistente en la manipulación racional de las fuerzas naturales para lograr la productividad en la familia (1991: 206). Con la colonización, la reproducción humana va a quedar feminizada y privatizada como trabajo doméstico gratuito a nivel global, además de jerarquizada en un orden mediante el que se intenta situar a las mujeres racializadas en el escalafón de los recursos naturales aprovechables.

En suma, al asentar violentamente el heteropatriarcado europeo en términos capitalistas, las subjetividades y los cuerpos quedaron supeditados a la idea de producción, incluyendo la humana. Así, la colonización fue un fenómeno clave para la invención de la maternidad como campo de explotación. No obstante, de las múltiples aproximaciones que se han empleado para pensar este fenómeno, el de la maternidad constituye hasta hoy un punto de vista marginal. ¿Por qué? Sencillamente, porque a la vez que la reproducción se convertía en otro recurso para el progreso de los Estados, la creación y el mantenimiento de la vida eran expulsados de las potenciales acciones generadoras de valor para la sociedad. El cuidado dejaba de tener valor intelectual y epistemológico. Como explica Silvia Federici en *Calibán y la bruja*, desde el inicio de los modos de hacer del capitalismo, únicamente la producción para el mercado se define como actividad creadora de valor, se invisibiliza la economía del sostenimiento de la vida y se la privatiza en los hogares; se establece el trabajo asalariado, del que la mujer es excluida (2011: 49-50).

En la Modernidad, se crea la diferenciación curar/cuidar y, con ella, las mujeres son eliminadas paulatinamente de la disciplina médica, obstétrica y pediátrica. En poco tiempo, el ejercicio de la medicina en manos de mujeres quedó desprestigiado (Green, 2008: 26). Si, en 1307, una médica de Barcelona veía cómo su tarea se iba confinando al acompañamiento de enfermos, con restricciones crecientes para el manejo de medicamentos (Castells, 2019: 205); en la Valencia de 1329 se da ya la prohibición expresa de recibir remedios por mano de una mujer (García Ballester *et al.*, 1989: 61). Todos los grandes humanistas del Renacimiento, de Ramón Llull a Erasmo de Rotterdam, escribieron tratados dirigidos a minimizar, cuando no directamente anular, la capacidad de acción y decisión de madres, matronas y nodrizas. Estos textos fueron llevados a los territorios colonizados, homogeneizando las distintas prácticas de maternar y acabando con tradiciones enteras, donde el sosteni-miento de la vida se llevaba a cabo de otras maneras, estigmatiza-das a partir de entonces, como explicaré a continuación.

Si tomamos como ejemplo la región andina, vemos cómo, des-de principios del siglo XVI, los cronistas señalan a madres, matro-nas y nodrizas como putas y mujeres diabólicas, según sus propias palabras. Encontramos descripciones altamente negativas en todo tipo de escritores, con independencia de su origen, lo que da a entender la rapidez con la que se expandía la misoginia europea. Martín de Murúa (c. 1525-1617), fraile español, replicaba el imagi-nario del *Malleus Malleficarum* (1486) exportando a los territorios colonizados el discurso contra las libertades reproductivas de las mujeres. Señala parteras, condena prácticas abortivas e introdu-ce el personaje del demonio en el centro de una civilización para la cual no había existido nada parecido al infierno cristiano. De acuerdo con Murúa, estas matronas eran aleccionadas en sueños por el diablo para procurar abortos de forma quirúrgica o a través de bebidas, escondiendo con posterioridad los fetos. Por ello, reci-bían «buena paga» del «maligno», es decir, mantenían una rela-ción comercial expresada ya en términos capitalistas:

> También había entre ellos mujeres parteras, y dicen que entre sueños se les comunicó este oficio, apareciéndoseles quien les dio los instrumentos [...] y aun, cuando se lo pedían, la mataban en

el cuerpo, llevando por ello muy buena paga [...] cuántas almas son privadas de la vista del cielo y van al limbo por medio destas infernales ministras y parteras [...] que, con yerbas, bebedizos y aun sangrías las hacen mover y entierran las criaturas en lugares secretos. ([1616] 1987: 417)[7]

Por su parte, el Inca Garcilaso de la Vega (1539-1616), hijo de una princesa Inca y sobrino nieto del poeta toledano Garcilaso de la Vega, se quejaba en sus escritos reiteradamente de lo poco cariñosas (poco regaladas, en el español del siglo XVII) que resultaban las madres andinas de toda condición social. Escribía: «Los hijos criaban extrañamente, así los Incas como la gente común, ricos y pobres, sin distinción alguna, con el menor regalo que les podían dar» ([1609] 1991:147). Resulta cuanto menos llamativo que alguien tilde las prácticas de maternar que, presumiblemente, utilizara su propia madre como «extrañas». Cuando el Inca habla de falta de distinción y regalo, está señalando lo que a su juicio son cuidados dispensados sin conocimiento ni afecto. De acuerdo a este cronista mestizo, el único rasgo común y, por tanto, la característica que el Imperio debía amputar a todas las mujeres del recién creado Virreinato del Perú era la escasa devoción que, al parecer, mostraban como cuidadoras.

Felipe Guamán Poma de Ayala (c.1565-?), autor indígena, culpa a las andinas de la cultura de la violación impuesta por los españoles, lo que también las convierte en culpables de la proliferación de mestizos, entendida por este escritor como un arma empuñada por las madres contra su pueblo. La andina prefiere al español, se prostituye y pare una mala estirpe: «Ya no quiere al indio, sino a los españoles y se hacen grandes putas y paren todo mestizos, mala casta en este reino» (1615: 540). Así, la supuesta preferencia de las indígenas por tener hijos de hombres blancos, las vuelven trabajadoras sexuales responsables del fin de su pueblo. Similar opinión defenderá quince años después el franciscano criollo extirpador

---

7. Las grafías de los textos citados han sido modernizadas por mí.

de idolatrías Bernardino de Cárdenas (c.1579-1668), señalando de nuevo al demonio como el instructor de la supuesta lujuria y de la capacidad de engaño de estas mujeres, quienes entran a servir a las casas pareciendo recatadas: «Porque las indias son fáciles y el hábito que traen muy lascivo y deshonesto y las tienen a su mandar los españoles como a gente tímida y rendida. Y llégase a esto la mayor fuerza que incita el demonio a este pecado» ([c. 1629] 2020: 130-131).

Tanto Guamán Poma como Bernardino de Cárdenan obvian la violencia sexual colonial cuando culpan a las indígenas de sus embarazos con españoles. Por suerte, la documentación histórica sí dejó reflejo de ello. Las agresiones sexuales en los Andes eran tan excesivas que incluso fueron motivo de controversia en Madrid. A oídos del rey Carlos I llegó la noticia de la desbocada cultura de la violación que lideraban sus súbditos del Virreinato del Perú, destacándose en ello numerosos miembros del clero. El rey intentó ponerle freno en 1541 promulgando una orden que obligaba a expulsar de las casas a cualquier mujer indígena sospechosa de haber quedado embarazada (Burkett, 1978: 109- 110). Esta ley, como se puede imaginar, fue una medida inefectiva, además de injusta, pues pasaba por dejar sin techo a las embarazadas, cambiando la explotación doméstica y el abuso sexual por la mendicidad y la marginalidad.

También Poma de Ayala arremete contra las nodrizas, siguiendo la tradición peninsular que prohibía a judías y musulmanas amamantar niños de familias cristianas: «[los] que se crían con la leche de indias o de negras [...] son bravos, haraganes, mentirosos» ([1615] 1980: 553). La idea de que, quien al nacer se alimente de la leche materna de mujeres marginales o racializadas heredará una condición malvada, puede parecer extravagante. Sin embargo, era un lugar común que vamos a encontrar en obras literarias pertenecientes al género de la picaresca hasta siglos después, tanto en España como en América. Tal es el caso, por ejemplo, de *El periquillo Sarniento* (Fernández de Lizardi, 1816), cuyo protagonista culpa a la leche de su primera nodriza por su condición de rufián en los primeros capítulos de esta novela mexicana.

Las mujeres andinas vieron progresivamente sustituido su estatus mediante dos operaciones: por un lado, las instituciones del saber inauguradas por los españoles les estaban vedadas; por el otro, la tierra y los recursos fueron privatizados de acuerdo a códigos legales españoles que, aunque respetaron transitoriamente el derecho de las mujeres de la alta nobleza inca a heredar tierras, las mismas debían ser administradas por un tutor legal masculino. Por otro lado, las mujeres campesinas vieron disminuidos sus derechos hasta la práctica extinción (Silverblatt, 1987: 122-158). Tal fue el caso de las *capullanas* que gobernaban el norte de Perú de acuerdo a un sistema matrilineal, quienes fueron sustituidas por sus maridos en 1625 (Alvarado Escudero, 2016: 381). Así, mujeres rurales, acostumbradas a trabajar en el mantenimiento de su propio patrimonio, se vieron forzadas a ocuparse en el servicio a los españoles.

La brutal acción de la metrópoli sobre las mujeres venía justificada por este discurso que las certificaba como poco femeninas y nada maternales. Había que acabar con sus modos de crianza, descritos como cercanos a la animalidad: «Criaban a sus hijos sin regalo ninguno», es decir, sin amor, decía el Inca Garcilaso. Se justifica de este modo la actuación de la madre patria sobre la vida de los niños del Nuevo Mundo. Había que salvarlos de sus progenitoras. Es así como las instituciones del Estado moderno colonial empiezan a disciplinar los cuerpos y los comportamientos de las madres, asumiendo funciones maternas. Desde la imprenta castellana se dictaban y promovían unas fórmulas de cuidados completamente distintas a las que describieron los cronistas. Se pautaron los espacios adecuados para la crianza, los estándares físicos de los cuerpos, el tiempo de espera entre embarazos, el periodo de descanso antes de volver a proveer al marido de cuidados domésticos y servicios sexuales, los términos en que debían desarrollarse el parto y la lactancia, etc. Títulos como *Libro intitulado del parto humano* de Francisco Núñez de Coria (Alcalá de Henares, 1580), o el *Libro del arte de las comadres o madrinas y del regimiento de las preñadas y paridas de los niños* de Damián Carbón (Mallorca, 1541) terminarían por homogeneizar embarazos, partos, puerperios, lactancias, etc.

¿En qué consistían las prácticas de las madres andinas y por qué eran descritas como bestiales? El Inca Garcilaso, en *Comentarios reales de los Incas* (1609), dibuja una lactancia completamente alejada del ideal cristiano. Ofrece una imagen de mujeres lactantes que rompe radicalmente con el imaginario de María con el niño Jesús en el regazo, la Virgen de la Leche, tan popular en Europa. Las madres andinas, nos dice, no cargaban jamás con las criaturas en brazos, aunque éstos fueran príncipes. Bajo una gran disciplina, solo amamantaban tres veces al día y tumbadas. Una vez supieran gatear, debían ser los mismos bebés quienes buscaran a su madre para alimentarse de rodillas, como animales. Según este autor, ellas argumentaban su forma de crianza poniendo como ejemplo a otros mamíferos, lo que sirve para reforzar la asimilación de las mujeres racializadas con los animales salvajes, discurso que vemos proyectado en todas las crónicas:

> Al darles la leche —ni en otro tiempo alguno— no los tomaban en el regaço ni en brazos, porque decían que haciéndose a ellos se hacían llorones y no querían estar en la cuna, sino siempre en brazos. La madre se recostaba sobre el niño y le daba el pecho y el dárselo era tres veces al día; por la mañana y a mediodía y a la tarde. Y fuera de estas horas no les daban leche aunque llorasen, porque decían que se habituaban a mamar todo el día y se criaban sucios, con vómitos y cámaras. Y que, cuando hombres, eran comilones y glotones. Decían que los animales no estaban dando leche a sus hijos todo el día ni toda la noche, sino a ciertas horas. [...] mas en brazos no lo habían de traer aunque fuese hijo del mayor curaca del reino. Ya cuando el niño andaba a gatas, llegaba por un lado u otro de la madre a tomar el pecho y tenía que mamar de rodillas en el suelo, empero no entrar en el regazo de la madre. Y cuando quería el otro pecho le señalaban que rodease a tomarlo, por no tomarlo la madre en brazos. (Libro cuarto, Capítulo XII).

Por otro lado, gracias a los escritos del Inca sabemos que las madres andinas ostentaban un enorme grado de autonomía y pericia médica. El cronista narró una forma de autogestión de las mujeres ya totalmente inimaginable en suelo europeo durante las mismas fechas. Cuenta que convivían juntas los dos primeros años de vida de los bebés, al margen de los varones, sin necesidad de atender a nadie más. Parían sin partera, luego tenían conocimientos obstétricos y pediátricos, aunque existían doctoras muy respetadas para los casos excepcionales, las mujeres Ocllo, de las que nos dice: «Estas eran tenidas en grandísima veneración por su castidad y limpieza, y por excelencia y deidad las llamaban *Ocllo*» (Libro VII. Cap. VII). Garcilaso describe anécdotas de relactación y explica cómo habían desarrollado una sofisticada técnica de conservación del cordón umbilical, con la que sanaban a sus criaturas en caso de enfermedad. Explica sus habilidades pediátricas de observación y diagnóstico («miraban la pala de la lengua») y narra cómo estaban en posesión de medicamentos, que se nombran como «secretos naturales», por los que no pregunta.

> Cuando al nacer de los niños les cortaban el ombligo, dejaban la tripilla larga como un dedo, la cual, después que se le caía, guardaban con grandísimo cuidado y se la daban a chupar al niño en cualquiera indisposición que le sentían. Y para certificarse de la indisposición, le miraban la pala de la lengua, y, si la veían desblanquecida, decían que estaba enfermo y entonces le daban la tripilla para que la chupase. Había de ser la propria, porque la ajena decían que no le aprovechaba. Los secretos naturales destas cosas ni me las dijeron ni yo las pregunté, más de que las vi hacer. (Libro IV, Cap. XII).

Felipe Guamán Poma de Ayala también relata cómo las madres andinas disponían de dos años para ocuparse en exclusividad de sus criaturas, sin acercarse a sus maridos, para asegurarse de que el coito no «encanijara» a los infantes por estropear la leche, y sin estar sometidas al cuidado doméstico de sus maridos. En el caso de tener gemelos o mellizos, el padre también estaría obligado a ocuparse de uno de los bebés de forma excepcional, ya que se entendía que debía haber un adulto por niñe. Además, Guamán Poma creía que la madre debía estar ayudada por los infantes de mayor edad de forma que la crianza tuviera lugar dentro de una comunidad amplia.

A estas mujeres que, por lo que nos cuentan los cronistas, parece que vivían en una singular Arcadia de los cuidados hasta que los infantes cumplían dos años, se les va a imponer una maternidad invisibilizada y privatizada, además de una acervada crueldad colonial. La mujer andina se convirtió rápidamente en un recurso natural más. Todos los saberes de estas mujeres, que iban desde la agricultura a la medicina, van a quedar fuera del conocimiento entendido como válido. Para ello, hubo que reducir la agencia y respetabilidad de la madre a su mínima expresión. Aparece la división moderna entre quienes no saben, mujeres y pueblos racializados, y expertos, varones blancos con acceso a las instituciones legitimadoras del saber, tales como el Protomedicato, institución creada en el Virreinato del Perú en 1570 con el fin de regular el ejercicio de la medicina. Este movimiento va a empeorar la vida y la salud de gran parte de la población.

El cumplimiento del binarismo de género exige la ocultación de la esclava doméstica en la figura de la esposa. Ante la resistencia de estas mujeres a adoptar dicho rol, el virrey Francisco de Toledo promovió una singular política en 1575: condona el pago de impuestos a las mujeres casadas a condición de que hagan el favor de servir a sus maridos, ciñéndose al espacio doméstico (Burkett, 1978: 109). Sin embargo, el destino de muchas de ellas no pasó por convertirse en dóciles amas de casa, sino en servicio doméstico, trabajadoras explotadas y sistemáticamente violadas.

El cambio en las prácticas de maternar tuvo como resultado el alumbramiento de una sociedad para la que los cuidados de aquellos más vulnerables aparecen ausentes, al tiempo que sus cuidadoras son salvajemente explotadas. Leyendo la *Primer nueva corónica y buen gobierno* (1615) de Felipe Guamán Poma de Ayala, quien, además de escribir, ilustraba su obra, entendemos cómo el cuerpo de la mujer se había convertido en el recurso de explotación principal, pues ellas no eran solo violadas sistemáticamente, sino que se las esclavizaba en mil tareas: cocinar, preparar telas, amasar, destilar, etc., teniendo esto el impacto medioambiental inmediato de la despoblación rural y el abandono de sementeras que el autor tanto lamentó, por suponer el fin del modo de vida precolombino. Aunque este cronista es tradicionalmente leído como un defensor de los pueblos originarios, por expresar su dolor ante el final de su civilización, lo cierto es que culpó a las mujeres por ello y rehúso mencionar el sufrimiento de los mestizos, primeros en experimentar una crianza en la que sus vidas están supeditadas al beneficio económico.

En la Figura 2, dibujo de Poma de Ayala, aparece una mujer andina portando a su hijo a la espalda mientras trabaja en el hilado para un fraile, quien al tiempo la agrede tirándola del pelo. Se ilustra a la perfección la transformación civilizatoria colonial en los Andes, que tiene en el cambio de las prácticas de maternar su encarnación más contundente. Si nos fijamos un poco más detenidamente en el dibujo, observamos cómo aquel que queda prácticamente fuera de la escena es el infante, cuya mirada no se relaciona con lo que ocurre a su alrededor. El ser dependiente ha sido dejado de lado en pos de la explotación física del cuerpo de su madre y la confección de mercancía textil.

Figura 2. «Dibujo 257. Los dominicos coléricos
y soberbios obligan a las indias a tejer ropa».
Fuente: Guamán Poma de Ayala (1615)

El control moderno de la metrópoli sobre la madre también incluyó el robo de bebés. Esto es así desde el inicio de la colonización, en la misma inauguración del Virreinato del Perú. La primera niña mestiza peruana, Francisca de Pizarro, hija del colonizador Francisco Pizarro y su concubina, la princesa Inca Quispe Sisa, fue apartada de su madre en la infancia y entregada a su tía paterna con el propósito de que creciera católica, hispanizada y lejos de la influencia de su linaje materno (Quispe-Agnoli, 2016: 38). Así, la historia de Francisca metaforiza claramente la misión europea colonial: la madre patria había llegado a llevárselo todo, criaturas incluidas.

Una vez que la figura de la madre abnegada fue absorbida por gran parte de la sociedad y se consiguió proyectar a la mujer al campo de la dependencia, los lazos familiares y la sumisión al experto, nos es imposible encontrar un testimonio no ya benigno, sino coherente en torno a la crianza. Aparece la matrifobia, entendida como odio, fobia o repulsión a la figura de la madre. Se trata de un discurso ideológico nacido en la Modernidad, expandido forzosamente con la colonización y aún por superar en Occidente. La siguiente cita, escrita para describir a las amas de casa blancas de los suburbios estadounidenses de finales del siglo XX, resume el efecto final de estas políticas y su consecuencia paradójica: una vez cumplido el proceso de feminización y privatización de los cuidados, la figura de la madre nos produce aversión:

> Los niños se encuentran ante la poderosa presencia materna y confían en ella solo para verla a continuación convertida en una figura incapaz frente al padre, el profesor, el médico, el juez, el casero... el mundo. La decepción del niño ante su madre impotente, combinada con el resentimiento y el miedo a su poderosa voluntad, puede explicar que la matrifobia esté tan extendida en nuestra sociedad como para parecer normal. Por la razón que sea, resulta casi imposible que los niños mayores o los adultos construyan un relato coherente, por no decir benigno, del poder materno. (Ruddick, 1980: 343)

A resultas de toda esta violencia, aparece una máxima que es casi un axioma de múltiples tentáculos: varones tenidos como expertos (médicos, sacerdotes, jueces, virreyes, inquisidores, guardias...) van a ser vistos en el ámbito oficial como más capaces que la madre para tomar decisiones sobre la vida de sus criaturas. Hoy, observamos cómo la ofensiva judicial contra las familias monomarentales no es más que una actualización de estas lógicas, motivada por el cuestionamiento del paradigma moderno heteropatriarcal que han despertado los feminismos en las últimas décadas. Entre otros ejemplos contemporáneos que se producen a vista de todas, podemos citar el caso de los niñes retenidos y separados de sus madres en la frontera de Estados Unidos. En guerra, cuando una nación se lleva a los menores de los enemigos para salvarlos, tenemos otro ejemplo presente de la acción de la metrópoli sobre la madre. Acción que se reitera cada vez que una institución separa a una madre de su criatura «por su bien»: mujeres encarceladas lejos de sus niñes, divorciadas forzadas judicialmente a custodias no consensuadas, pequeños arrancados de sus progenitoras por los poderes del Estado, ya sean los servicios sociales, las fuerzas de seguridad o la magistratura.

Como conclusión, podemos afirmar que el fenómeno colonial legitima la explotación de los cuerpos maternos para el beneficio de la élite de los varones blancos del Estado moderno. Esta legitimación se ejecuta tomando la capacidad reproductiva como el campo de pruebas desde el que proyectar un sinnúmero de violencias cuya crueldad continúa siendo sistémica.

BIBLIOGRAFÍA

ALVARADO ESCUDERO, Alicia (2016). «La imagen de la mujer de élite en la costa norte del Perú a través de las crónicas de Indias». *Lex: Revista de la Facultad de Derecho y Ciencias Políticas de la Universidad Alas Peruanas*, vol. 14, núm. 18, pp. 381-397.

AYALA, Guamán Poma de (1980 [1615]). *Nueva crónica y buen gobierno*. En PEASE, Franklin (ed.), Caracas: Biblioteca Ayacucho.

BURKETT, Elinor C. (1987). «Indian women and white society: the case of Sixteenth-Century Peru». En LAVRIN, Asunción (ed.), *Latin American Women: Historical Perspectives*. Connecticut: Greenwood Press, p. 106.

CÁCERES, Bernardino de (2020 [c. 1629-1634]). *Memorial y relación de las cosas muy graves y muy importantes al remedio y aumento del reino del Perú.* En ORTIZ CANSECO, Marta (ed.), Lausana: Peter Lang.

CASTELL GRANADO, Pau (2019). «Feminine Magical-Medicinal Practices in Catalan Trials For Sorcery and Witchcraft. Changing perceptions between Late Middle Ages and Early Modern Times». En AVALLONE, Paola y COLESANTE, Gemma Teresa (eds.), *Donne e lavoro: attività, ruoli e complementarietà (Secc. XIV-XIX),* Génova: Consiglio Nazionale delle Ricerche / Istituto di Storia dell'Europa Mediterranea, pp 197-221.

FERNÁNDEZ DE LIZARDI, Jose Joaquín (2008 [1816]). *El Periquillo Sarniento.* En RUIZ BARRIONUEVO, Carmen (ed.), Madrid: Cátedra.

CARBÓN, Damián (1541). *Libro del arte de las comadres o madrinas y del regimiento de las preñadas y paridas y de los niños.* Disponible en Internet. Biblioteca Digital Hispánica: *https://bdh-rd.bne.es/viewer.vm?id=0000295472&page=1.*

GARCÍA BELLESTER, Luis, Mc VAUGH, Michael y RUBIO VELA, Agustín (1989). *Licensing, Learning, and the Control of Medical Practice in Fourteenth Century Valencia.* Filadelfia: American Philosophical Society.

GREEN, Mónica (2008). *Making Women's Medicine Masculine: The Rise of Male Authority in Pre-Modern Gynaecology.* Oxford: Oxford University Press.

LEWIS, Laura (2003). *Hall of Mirrors: Power, Witchcraft and Caste in Colonial Mexico.* Durham: Duke University Press.

MURÚA, Martín de (1986 [1590]). *Historia general del Perú.* En BALLESTEROS, Manuel (ed.), Madrid: Historia 16.

MELONI, Carolina (2022). *Feminismos fronterizos. Mestizas, abyectas y perras.* Madrid: Kaótica Libros.

MIES, Maria y BENNHOLDT-THOMSEN, Veronica (1999). *The Subsistence Perspective: Beyond the Globalized Economy.* Londres: Zed Books.

NÚÑEZ DE CORIA, Francisco (1580). *Libro intitulado del parto humano en el cual se contienen remedios muy útiles y usuales para el parto dificultoso de las mujeres con otros muchos secretos a ello pertenecientes.* Disponible en Internet. Biblioteca Patrimonial Digital Universitat de Barcelona: *https://bipadi.ub.edu/digital/collection/salutdona/id/128404.*

PERRY, Ruth (1991). «Colonizing the Breast». *Journal of the History of Sexuality,* vol. 2, núm. 2, Special Issue, Part 1: The State, Society, and the Regulation of Sexuality in Modern Europe, 1991, pp. 204-234.

QUISPE-AGNOLI, Rocío (2016). «Mulieres Litterarum: Oral, Visual and Written Narratives of Indigenous Elite Women (1550-1801)». En RODRÍ-GUEZ, Ileana y SZURMUK, Mónica (eds.), *The Cambridge History of Latin American Women's Literature,* Cambridge: Cambridge UP, pp. 38-51.

RUDDICK, Sarah (1980). «Maternal Thinking». En *Feminist Studies,* vol. 6, núm. 2, pp. 342-367.

SPRENGER, Jacobs y KRAMER, Heinrich, (2016 [1487]). *Malleus maleficarum o El martillo de las brujas.* Iberlibro.

SILVERBLATT, Irene (1987). *Moon, Sun, and Witches: Gender ideologies and class in Inca and Colonial Peru.* Princeton: Princeton UP.

VEGA, Inca Garcilaso de (1991 [1609]). *Comentarios reales de los Incas. En* ARÁNIBAR, Carlos (ed.), Lima: Fondo de Cultura Económica.

FIGURAS

FIGURA 1: «Iceberg model of capitalist patriarchal economies». BENN-HOLDT-THOMSEN, Verónica y MIES, María (1999). *The Subsistence Perspective: Beyond the Glogalized Economy.* Londres: Zed Books, p. 3.

FIGURA 2: «Dibujo 257. Los dominicos coléricos y soberbios obligan a las indias a tejer ropa». AYALA, Guamán Poma de (1615). *Nueva crónica y buen gobierno.* Disponible en Internet, Det Kgl Bibliotek: *https://poma. kb.dk/permalink/2006/poma/659/es/image/*

MEMORIA, FRANQUISMO Y EL DISCURSO DEL «NEGOCIO DE LOS BEBÉS ROBADOS» EN EL ESTADO ESPAÑOL

MATÍAS VIOTTI BARBALATO Y MARTA ROMERO-DELGADO

INTRODUCCIÓN: MEMORIA Y MODERNIDAD

En líneas generales, cuando hablamos de memoria histórica en el Estado español, nos referimos a los crímenes del franquismo. Sin embargo, resulta pertinente preguntarnos qué subyace detrás del concepto de «memoria». Asimismo, a través de estas páginas, reflexionaremos sobre la construcción del discurso respecto a un crimen franquista en concreto: la apropiación de menores. Si bien este tema se ha asociado al control y disciplinamiento que el régimen dictatorial, junto con la derecha católica, llevó a cabo sobre la mujer, analizaremos si realmente fue una cuestión específicamente característica del franquismo. Como bien han reflejado una diversidad de autoras feministas, existe un disciplinamiento, una colonización del cuerpo materno y una persecución histórica hacia las mujeres (Segato, 2016; Juliano, 2012) que traspasaría lo acontecido en el régimen franquista. Desde este punto de vista, intentaremos responder a las siguientes preguntas: ¿Cuál sería la articulación de ese contexto histórico con el régimen franquista? ¿Y con la democracia liberal o monarquía parlamentaria?

Al centrar la memoria únicamente en la dictadura, se legitima un discurso que plantea el franquismo como algo ahistórico, una excepcionalidad del sistema, como si el fascismo o el franquismo hubieran nacido repentinamente sin tener en cuenta el contexto político anterior, ni los métodos biopolíticos de dominación que venían ejerciendo los Estados capitalistas con anterioridad. De igual manera, tampoco es tenida en cuenta la correlación de fuerzas de donde emerge el franquismo y que actuó como mecanismo de defensa de las élites frente a la II República española.

Puede parecer que la memoria es rememorar hechos, pero —y como tercera pregunta que nos vehicula este texto—, nos planteamos ¿bajo qué preceptos pensamos esos hechos? La memoria no es solamente recordar, sino que también influye el lugar desde donde pensamos lo que recordamos y cómo lo pensamos, es decir, a partir de qué procesos de producción Si partimos del supuesto de que la denominada Guerra Civil fue una «guerra entre hermanos» que llevó al triunfo del general Franco y que, años después, hubo ciertos consensos para logar una reconciliación a través de una Transición a la democracia, la memoria que se construya será a partir de esas premisas. Si, además, asumimos el franquismo como un error del sistema, aislado del proceso colonial, estaremos dejando fuera de la memoria el orden patriarcal, pilar imprescindible del capitalismo histórico. Es decir, que la historia oficial se construye desde los historiadores, quienes legitiman, construyen sentido, conocimiento e ideología, pero al igual que el artista no tiene el monopolio de la imaginación, el historiador no lo tiene del pasado (Reati, 1992). En este caso, hablamos de historiadores/as como intelectuales orgánicos de la hegemonía debido a que ejercen una reproducción ideológica de las clases dominantes (Gramsci, 1971).

Autores como Halbwachs (2004) y Foucault (1994) plantean que la historia está condicionada, entre otras cuestiones, por la cosmovisión que el historiador tenga del mundo. Si el mismo asume los preceptos de la modernidad —proyecto iniciado con la colonización en nombre del desarrollo del capitalismo (Dussel, 1994; Grosfoguel, 2022)— y sin un distanciamiento epistemológico, partirá de una mirada colonizada por el proyecto político de la modernidad.

Desde la perspectiva descolonial, la memoria construida a partir de la historia oficial es funcional al capitalismo y sigue el patrón de lo que se denomina «colonialidad del saber». Es decir, es una historia que se construye desde la producción de conocimientos del mundo moderno-occidental y de una manera lineal; a partir de supuestos epistemológicos, desde el presente moderno hacia el pasado, construyendo una memoria parcial y «apropiada» por los «historicistas» (Rivera Beiras, 2010).

> En este sentido, la construcción de la memoria representa la perpetuación de la «colonialidad del saber», es decir, simboliza el predominio de conocimientos e ideas occidentales, invisibilizando o sometiendo a la marginalidad otros saberes –los subalternizados (Santos y Meneses, 2014; Castro-Gómez, 2007; Lander, 2000)–. La Colonialidad del saber, considerada como la dimensión analítica íntegra de la matriz Colonial de poder (Quijano, 2000), es constitutiva de las relaciones jerárquicas y de dominación del actual sistema-mundo moderno/colonial. (Heiss, 2018: 152)

El reverso a la memoria histórica sería la memoria colectiva, donde en su desarrollo no hay líneas de separación claramente trazadas, sino límites irregulares e inciertos, por lo que consecuentemente el presente no se opone al pasado (Halbwachs, 2004). Esta memoria se construye desde el recuerdo que ha permanecido en las víctimas, sin límites de separación entre un periodo y otro (presente-pasado), es un pensamiento continuo que retiene el recuerdo en la conciencia del colectivo (Álvarez Fernández, 2007: 54), que interpela los procesos de producción de conocimiento o lo que se ha llamado la «colonialidad del saber». Al contrario de la memoria histórica, la memoria colectiva se construye desde el recuerdo de los sujetos subalternizados, no solamente desde la historia como hacen los historicistas. Resulta relevante, por tanto, reflexionar sobre cómo estamos construyendo la memoria respecto al franquismo y a la apropiación de menores en el Estado español.

EL «NEGOCIO DE LOS BEBÉS ROBADOS» COMO DISCURSO DOMINANTE

El discurso dominante, instalado en la monarquía parlamentaria —a través del mundo académico, los medios de comunicación y personas consideradas expertas— sobre la apropiación de menores que aconteció a lo largo de la dictadura y hasta bien entrada la monarquía parlamentaria se fundamenta en que, durante los primeros años del franquismo, existió un factor ideológico que determinaba este delito, apoyado por los psiquiatras de Franco y la iglesia católica. La finalidad era, siguiendo métodos eugenésicos, separar a las/os menores de las mujeres «rojas» o «desviadas» para, según ellos, salvarlos de un ambiente contaminado y entregarlos a familias afines al régimen, que eran igualmente católicas.

No obstante, este discurso asume que, a partir de los años cincuenta del pasado siglo, el factor ideológico se debilitó como consecuencia de los cambios políticos del franquismo, especialmente por la pérdida del fascismo en la II Guerra Mundial. Es entonces cuando el régimen dictatorial se tuvo que abrir al modelo occidental e hizo que el crimen continuara, pero con un objetivo menos ideológico. Esta es la base para pensar que la cuestión ideológica se debilitó a partir de los años cincuenta para convertirse en un «puro negocio de bebés robados» en la democracia (Roig, 2018), idea que fue asumida por los medios de comunicación y el mundo académico, así como por numerosas asociaciones de memoria histórica, incluidas las de «bebés robados».

En definitiva, el delito de la apropiación de menores durante el franquismo se asocia a tres etapas: una primera, que va desde el triunfo del golpe de Estado hasta el final de la II Guerra Mundial —eran los tiempos de la psiquiatría al mando de Vallejo-Nájera y de un fascismo que se defendía abiertamente—. Una segunda etapa, donde el franquismo se abre al mercado internacional teniendo que «lavar su cara» fascista en función de la modernidad. Y una tercera etapa, que podríamos considerar que se extiende desde el tardofranquismo y la denominada Transición a la democracia hasta bien entrada la monarquía parlamentaria.

En este escenario, la apropiación de menores se ha enfocado como una cuestión específica del franquismo, la iglesia católica afín y los psiquiatras franquistas del régimen. Sin embargo, esta perspectiva deja fuera del análisis la relevancia ideológica de la derecha católica y de las monjas que gestionaron este delito, la cual se remonta a una particular historia del Estado español de siglos atrás. Esta ideología está basada en el patriarcado de la cristiandad, característico del proyecto de la modernidad, que actuó como dispositivo de poder y disciplinamiento de las mujeres, en este caso, que se salían de las normas de género impuestas. Un control sobre las mujeres que, desde el siglo XVI, estuvo relacionado con la consolidación del patriarcado cristianocéntrico para la acumulación capitalista de la riqueza a escala mundial (Grosfoguel, 2022).

Un patrón de dominación —una «matriz de colonialidad»— que funcionó históricamente tanto en la expansión colonial sobre el continente americano como al interior de Europa con la persecución a las denominadas «brujas» (García Fernández, 2019) y, en el caso que aquí estudiamos, con las mujeres acusadas de «rojas», «desviadas» o «díscolas» durante el franquismo. Una mercantilización de la vida en función del desarrollo capitalista a través de los discursos deshumanizantes que legitiman la dominación y aseguran la impunidad. Es así como Federici demuestra que las acusaciones de brujería representan una «respuesta a la mercantilización de la vida y a los intentos del capitalismo de reactivar el trabajo esclavo y, además, convertir el propio cuerpo humano en un medio de acumulación» (2021: 104).

No es nuestra intención negar que hubo un factor económico en este delito —es evidente que sí lo hubo— sino plantear el modo en que el discurso del «negocio» silencia el otro factor, el ideológico. Es este elemento ideológico del Estado moderno el que permite la mercantilización de los menores durante la etapa democrática. Hay que tener en cuenta que, en el contexto neoliberal de la democracia, la lógica de los servicios sociales y las ONG, bajo el discurso de la ayuda y la asistencia social, terminan por disciplinar, es decir, amenazar con etiquetar a las familias que no se adapten al orden social impuesto como desestructuradas y con quitarles a sus hijos/as «si padres o hijos no mantienen ciertas conductas morales» (Valverde Gefaell, 2015: 79).

Conviene no olvidar que gracias al disciplinamiento de la mujer en el trabajo doméstico no remunerado —ejemplo de este disciplinamiento es la apropiación de menores en el franquismo como castigo a las mujeres que no cumplían con ese rol—, «se le otorgaba al Estado el control de su capacidad reproductiva, con lo que se garantizaba la creación de nuevas generaciones de trabajadores» (Federici, 2021: 76). Mientras la idea del negocio hace responsable de este crimen a una trama mafiosa, heredada del franquismo, que pretendía enriquecerse, se deja a un lado la lógica patriarcal cuya violencia solo puede ser planificada y calculada «bajo la más absoluta garantía de impunidad» (ibídem: 80).

Si bien la dictadura franquista y la historia de la iglesia están vinculadas a la corrupción y el abuso de poder con base en intereses propios (Preston, 2019; Puente Ojea, 2012), siempre lo han hecho a partir de un discurso legitimador de expertos y profesionales que, en este caso, fueron las congregaciones religiosas en el campo del trabajo social, y que continuaron en la democracia aplaudiendo las políticas de los gobernantes.

LA IDEOLOGÍA DE LA DERECHA CATÓLICA EN EL ESTADO ESPAÑOL

La doctrina del integrismo católico que actuó junto con el franquismo en nombre de una Cruzada cristiana hunde sus raíces en la monarquía de los Reyes Católicos. Fernando e Isabel decidieron consolidar su gobierno haciendo un Estado de unidad católica que buscase la identidad nacional (Juliano, 2012: 260); y si bien los tribunales de la Santa Inquisición empezaron a perseguir grupos heréticos en el siglo XII, la España del siglo XV se convirtió en el primer lugar de Europa donde la Inquisición no estaba a la orden del papa sino del rey (Zaffaroni y Rep, 2012). Acogiéndose a la ideología de la Inquisición española para perseguir herejes, se introdujo el racismo con el que se discriminaba a los mismos como herramienta de gobierno. Así pues, una de las cuestiones por las que el franquismo recurre a una alianza tanto con la monarquía como con la derecha católica, es porque históricamente ambas habían tenido una función unificadora (Martínez Millán, 2007). La unión sería en nombre de la cristiandad y se auto-asignaría una misión civilizatoria similar a la de la monarquía de los Reyes Católicos.

Es así como el racismo se basó primero en cuestiones teológico-religiosas —en nombre de la cristiandad—, antes que en cuestiones biológicas —el color de la piel o la clase— (Grosfoguel, 2022). La estrategia de construir un «Otro amenazante», que legitima el disciplinamiento o control social sobre el mismo, forma parte de la cosmovisión occidental legada por la Santa Inquisición que se había expandido tanto en Europa como en América con la colonización (Prado, 2018). Esta matriz colonial se consolidó durante siglos, ya fuera con la persecución a los pueblos originarios en América Latina considerados «sin alma» o «sin religión»; o con la persecución a las «brujas» en Europa, consideradas mujeres pecadoras contrarias a la cristiandad. La Inquisición se convirtió «en un símbolo de la alianza entre el Estado y la Iglesia» (Tcherbbis Testa, 2021: 236). Otra de estas alianzas históricas —además de la de Primo de Rivera— fue la del régimen de Francisco Franco, el cual, a diferencia de otros fascismos europeos, fue heredero de la ideología católica de la cristiandad. De hecho, la «justicia» de Franco estuvo inspirada en la Santa Inquisición (Viñas, Espinosa y Portilla, 2022).

Aunque no podemos afirmar que las prácticas de la Inquisición se hayan replicado en los genocidios europeos, el trabajo de Christine Stallaert «Ni una gota de sangre impura. La España inquisitorial y la Alemania nazi cara a cara» (2006) realiza un exhaustivo análisis comparativo entre ambos. Por otro lado, el trabajo de Abdennur Prado «Genealogía del monoteísmo» (2018) analiza la cristiandad como dispositivo colonial, mostrando la conexión entre el colonialismo y la universalización del cristianismo. El racismo antes que un prejuicio o una anomalía del sistema, es un pilar de la modernidad y forma parte de la estructura del Estado moderno. De hecho, algunos autores ven la idea del Estado Nación en la intencionalidad de los Reyes Católicos por corresponder la identidad del Estado con la identidad de la población (Grosfoguel, 2022: 193).

La ideología integrista católica funcionó durante siglos como dispositivo de poder, de reorganización y de administración de las relaciones sociales, de género y de clase al interior del Estado; es la misma ideología que seguían y siguen muchas de las congregaciones religiosas que gestionaron la apropiación de menores durante el franquismo y la democracia, deshumanizando a todas aquellas mujeres que no cumplían con el papel exigido por el orden social. Este contexto está ligado, además, con la historia del patriarcado de la cristiandad que situó, a través del proceso colonial, al sujeto masculino como modelo universal de lo humano y a la mujer como sujeto subalterno, pensada como un ser vulnerable a la manipulación y tentación del pecado (Grosfoguel, 2022; Segato, 2016; Prado, 2018). De ahí la preocupación histórica de la cristiandad como ideología por educar o administrar la vida desde el sistema sexo-género basado en el matrimonio cristiano, la heterosexualidad y la familia nuclear.

Autoras como Carla Villalta (2006) y Dolores Juliano (2012) muestran ejemplos de experiencias deshumanizadoras del sistema judicial que durante los siglos XVII y XVIII posibilitaron el desarrollo de prácticas criminales, ilegales y pseudocientíficas similares a las del franquismo. Así fue como numerosas mujeres terminaron en prisiones, casas galeras, casas de misericordia, inclusas o casas de corrección, con el pretexto de encerrar «a vagabundas, mendigas y prostitutas, es decir, mujeres pobres que vivían fuera del control masculino y el encierro doméstico» (Juliano, 2012: 254). Además, los denominados «expósitos» eran considerados «hijos del vicio», por lo que también requerían de la intervención de las congregaciones religiosas, como las Hijas de la Caridad, aliadas del franquismo y presentes en distintas instituciones sociales, incluso en la actualidad. Estas casas galeras o las casas de misericordia del siglo XVII podrían ser consideradas como antecedente de la política social contemporánea, dado que «los objetivos y contenido de muchos programas sociales actuales tienen una filosofía similar a la que imperaba en el funcionamiento de estas instituciones de reclusión para mujeres» (Almeda, 2002: 43).

El régimen franquista interiorizó la ideología católica, que ya venía actuando en un contexto anterior al régimen como dispositivo legitimador; a esta se sumó además un determinismo biológico que ya estaba a la orden del día en los Estados capitalistas desde el siglo XIX. Según Foucault «grupos religiosos, y asociaciones de beneficencia desempeñaron durante mucho tiempo este papel de "organización de disciplina" de la población» (2002: 215).

Vinculada al poder político español (Villacañas Berlanga, 2014), la ideología católica fue funcional al Estado moderno también de la monarquía parlamentaria; y posteriormente se articuló con el proyecto neoliberal, en el que la asistencia social basada en la fe también juega un elemento fundamental (Cooper, 2022). El relato oficial del «negocio de los bebés robados», por lo tanto, construye una memoria parcial del tema ya que deja fuera del análisis toda esta cuestión ideológica integrada en el Estado.

EL RELATO DEL «NEGOCIO» COMO LEGITIMADOR DE LA IDEOLOGÍA INTEGRISTA EN LA TRANSICIÓN ESPAÑOLA

Los mecanismos de dominación que actuaron como disciplinamiento de la mujer no fueron los mismos durante los primeros años de la dictadura que en el tardofranquismo y en la monarquía parlamentaria: la ideología de la derecha católica se reconfiguró dependiendo del contexto político, pero siempre pervivió en el interior del Estado español. De igual manera que los campos de concentración no fueron un accidente, «sino el despliegue de una de las posibilidades de la Modernidad» (Reyes Mate, 2000) tampoco lo fueron la apropiación de menores y los métodos «reeducativos» empleados por el franquismo sobre la mujer. Forman parte de la naturaleza y del papel de la derecha católica a lo largo del desarrollo de la modernidad y el Estado moderno.

En la II República, cuando Azaña declaraba la famosa frase «España ha dejado de ser católica», no lo hace «para oponerse a las enmiendas de los diputados católicos [...] sino para que no prosperara el proyecto socialista, que hubiera resultado mucho peor para la Iglesia» (Raguer, 2002). La influencia de la derecha católica en las clases dominantes españolas era tan fuerte que en 1931 se organizaron en la asociación y revista Acción Española con el fin de crear un nuevo dogma de la derecha que enterrase para siempre los valores de la República. Es decir, que incluso en la República «la Iglesia española seguía siendo, políticamente hablando, mucho más potente de lo que Azaña y en general los políticos republicanos se imaginaban» (ibídem).

Posteriormente, en la denominada Transición y en la construcción de la monarquía parlamentaria, el papel del integrismo católico siguió activo a través del Opus Dei y otros grupos católicos de la derecha clerical (Propagandistas, Acción Católica), los cuales formaron parte del mismo proceso (Preston, 2019). No queremos decir que los mismos hicieran la Transición, pero sí que «la transitaron por sus propias vías» (Cosgaya García, 2004). Este sería el caso del opusdeísta Laureano López Rodo, quien participó en la aprobación de la Ley para la Reforma Política y fue elegido diputado de Alianza Popular por Barcelona, además de haber tenido un importante papel «como parlamentario en la Comisión Constitucional del Congreso durante la legislatura constituyente» (ibídem, 2004). Asimismo, de cincuenta exprocuradores franquistas que conformaban el Palacio de las Cortes como diputados de la Unión de Centro Democrático (UCD), un tercio eran miembros del Opus Dei (Preston, 2020).

Avalados por Estados Unidos y la Santa Sede del Vaticano, buscaron una salida de la dictadura hacia el neoliberalismo, al mismo tiempo que pretendían enterrar para siempre el comunismo o todo sistema político que fuera contra los intereses de las clases dominantes. Juan Pablo II, poco después de ser nombrado papa en 1978, erigió al Opus Dei como Prelatura personal de ámbito universal en la Santa Sede del Vaticano en 1982. Este pontífice, entre otros asuntos, combatió la Teología de la liberación y escribió la encíclica

Centesimus Annus (1991) como nueva ética económica neoliberal. En ésta última, afirmaba que «da la impresión de que, tanto a nivel de naciones, como de relaciones internacionales, el libre mercado sea el instrumento más eficaz para colocar los recursos y responder eficazmente a las necesidades» (Naranjo, 2010: 195). Daba así comienzo a la connivencia con el nuevo orden mundial, impuesto por Estados Unidos y sus aliados del bloque occidental, tras la caída de la URSS.

Ciertamente la influencia de la derecha católica franquista en la política española estuvo presente en el Estado moderno de la denominada Transición como parte de un consenso de «desmemorización colectiva» (Puente Ojea, 2012: 107). Un claro ejemplo de ello es que la Ponencia Constitucional designada por la Comisión Constitucional de 1977 estaba integrada en su mayoría por católicos afines al régimen (ibídem: 108). De hecho, la idea de reconciliación entre los dos bandos, suponía otorgar las mismas responsabilidades tanto a los oprimidos como a los opresores. La Conferencia Episcopal publicó en 1975 un escrito titulado «La reconciliación de la Iglesia y en la Sociedad», al mismo tiempo que en 1977 lanzó un documento sobre «Los valores morales y religiosos en la Constitución». Una de las consecuencias de esta gran influencia fueron los acuerdos de 1976 entre el Estado y la Santa Sede del Vaticano, ratificados en el concordato de 1979, a través del cual se legaliza la continuidad de las congregaciones religiosas aliadas al régimen en la gestión de algunos servicios sociales del Estado.

En lugar de cuestionar o investigar a las congregaciones religiosas que durante el régimen habían gestionado las instituciones denunciadas por apropiación de menores, como el Patronato de Protección a la Mujer o la Asociación Española para la Protección de la Adopción (AEPA), el Estado democrático contribuyó al discurso de la beneficencia, donde estos organismos religiosos se presentan como solidarios y entregados al bien común, es decir, se los legalizó como servicios sociales.

ALGUNAS REFLEXIONES FINALES

En definitiva, los métodos de control sobre el cuerpo y la vida —principalmente de las mujeres— utilizados por el franquismo, desde la medicina y la ideología católica no son una excepcionalidad de la dictadura, sino que son el resultado del continuum de otras formas de gobierno llevadas a cabo con anterioridad, en función del proyecto civilizatorio de la modernidad, y que hay que observar en las nuevas formas de gobierno neoliberal.

Mientras el franquismo reafirmó la ideología de la derecha católica con el Concordato de 1953 entre el Estado y la Santa Sede del Vaticano, la monarquía parlamentaria la legalizó con el concordato de 1979. Congregaciones religiosas como las Oblatas de la Redención, las Hijas de la Caridad, las Trinitarias o el mismo Opus Dei se reconvirtieron en ONG y continúan trabajando bajo la misma ideología integrista en cárceles, hospitales, centros educativos o maternidades.

A través del discurso del «negocio de los bebés robados» se construye una memoria que plantea que aquellos psiquiatras del primer franquismo eran unos cuantos locos en un régimen dictatorial, invisibilizando el papel relevante del Estado moderno. La idea del «negocio» legitima el relato oficial de la Transición basado en la idea de que se pasó de una dictadura a una democracia de la noche a la mañana, gracias a una reconciliación entre dos bandos con las mismas responsabilidades. La etapa de la Transición se caracteriza por tratar de silenciar la memoria colectiva, sin verdad y sin justicia, olvidando el papel del integrismo católico en la historia del Estado español y su influencia en la política.

Necesitamos recuperar una memoria colectiva que contextualice el control social y la violencia sobre las mujeres bajo el Estado moderno, más allá de la dictadura franquista. Se trataría de una memoria colectiva que tenga en cuenta las vivencias de las personas subalternizadas o, dicho de otra manera, una memoria histórica descolonizada y antipatriarcal, con el fin exigir visibilidad, justicia y reparación para las miles de mujeres afectadas por la apropiación de menores que todavía caminan por nuestra tierra, así como para las innumerables hijas e hijos que actualmente han crecido sin conocer su pasado ni su presente.

BIBLIOGRAFÍA

ALMEDA, Elisabet (2002). *Corregir y castigar. El ayer y hoy de las cárceles de mujeres*. Barcelona: Bellaterra.

ÁLVAREZ-FERNÁNDEZ, José Ignacio (2007). *Memoria y trauma en los testimonios de la represión franquista*. Barcelona: Anthropos Editorial.

BERGALLI, Roberto (2010). «Presentación». En BERGALLI, Roberto y RIVERA VEIRAS, Iñaki (coords.), *Memoria colectiva como deber social*. Barcelona: Anthropos, pp. 5-23.

COOPER, Melinda (2022). *Los valores de la familia: entre el neoliberalismo y el nuevo social-conservadurismo*. Madrid: Traficantes de Sueños.

COSGAYA GARCÍA, Jaime (2004). «La actividad política de Laureano López Rodó durante la transición a la democracia». En *La transición a la democracia en España: actas de las VI Jornadas de Castilla-La Mancha sobre Investigación en archivos*, ANABAD, Guadalajara, 4-7 de noviembre de 2003, p. 37.

DUSSEL, Enrique (1994), *El encubrimiento del indio: 1492. Hacia el origen del mito de la modernidad*. México: Cambio XXI.

FEDERICI, Silvia (2021). *Brujas, caza de brujas y mujeres*. Madrid: Traficantes de Sueños.

GARCÍA FERNÁNDEZ, Javier (2019). *Descolonizar Europa*. Madrid: Brumaria.

GRAMSCI, Antonio (1971). *La política y el Estado moderno*. Barcelona: Península.

GROSFOGUEL, Ramón (2022). *De la sociología de la descolonización al nuevo antiimperialismo decolonial*. Ciudad de México: Akal.

FOUCAULT, Michel (1994). *The order of things. An archaelogy of the human science*. Nueva York: Vintage.

_____ (2002). *Vigilar y castigar*. Buenos Aires: Siglo XXI.

HALBWACHS, Maurice (2004). *La memoria colectiva*. Zaragoza: Prensas de la Universidad de Zaragoza.

HEISS, Sabine (2018). «Memoria y paz. Perspectivas decoloniales en la construcción de la memoria colectiva». *Arxius de Ciències Socials*, núm. 39, pp. 151-162.

JULIANO, Dolores (2012). «Las monjas en las cárceles de posguerra». En OSBORNE, Raquel (ed.), *Mujeres bajo sospecha. Memoria y sexualidad, 1930-1980,* Madrid: Fundamentos.

MARTÍNEZ MILLÁN, José (2007). *La Inquisición española.* Madrid: Alianza.

NARANJO, Eduardo (2010). «Una nueva ética económica católica en respuesta al nuevo liberalismo». *Convergencia Revista de Ciencias Sociales,* núm. 53, pp. 177-203.

PORTELLI, Alessandro (1991). «Lo que hace diferente a la historia oral». En SCHWARZSTEIN, Dora (comp.), *La historia oral,* Buenos Aires: Centro Editor de América Latina, 1991, pp. 36-51.

PRADO, Abdennur (2018). *Genealogía del monoteísmo. La religión como dispositivo descolonial.* Ciudad de México: Akal.

PRESTON, Paul (2019). *Un pueblo traicionado: España de 1874 a nuestros días. Corrupción, incompetencia política y división social.* Navarra: Debate.

_____ (2020). *El triunfo de la democracia en España. De Franco a Felipe González pasando por Juan Carlos.* Barcelona: Penguin.

PUENTE OJEA, Gonzalo (2012). *La cruz y la corona.* Tafalla: Txalaparta.

RAGUER I SUÑER, Hilari (2002). «La Iglesia durante la Segunda República y la Guerra Civil». En AUBERT, Paul, *Religión y sociedad en España (siglos XIX y XX),* Madrid: Casa de Velázquez, 2002. Disponible en Internet (10.03.2024): *http://books.openedition.org/cvz/2756*

REATI, Fernando (1992). *Nombrar lo innombrable: violencia política y novela argentina, 1975-1985.* Buenos Aires: Legasa.

RIVERA BEIRAS, Iñaki (2010). «La memoria: categoría epistemológica para el abordaje de la historia». En BERGALLI, Roberto y RIVERA VEIRAS, Iñaki (coords.), *Memoria colectiva como deber social,* Barcelona: Anthropos, pp. 27-49.

REYES MATE, Manuel (2000, 13 de mayo). «Noticias políticas del campo de concentración». *El País.*

ROIG, Neus (2018, 10 de octubre). «El robo de niños se convirtió en un negocio puro y duro». *La Opinión.*

SEGATO, Rita Laura (2016). *La guerra contra las mujeres.* Madrid: Traficantes de Sueños.

TCHERBBIS TESTA, Jimena (2021). «Entre la memoria y la historia: los centenarios de la abolición de la Inquisición española en la encrucijada de la monarquía y la república». *Hispania Sacra LXXIII,* núm. 147, pp. 235-248.

VALVERDE GEFAELL, Clara (2015). *De la necropolítica neoliberal a la empatía radical*. Barcelona: Icaria.

VILLACAÑAS BERLANGA, José Luis (2014). *Historia del poder político en España*. Barcelona: RBA.

VILLALTA, Carla (2006). «Cuando la apropiación fue adopción: Sentidos, prácticas y reclamos en torno al robo de niños». *Cuadernos de antropología social,* núm. 24, pp. 147-173.

VIÑAS, Ángel; ESPINOSA, Francisco; y PORTILLA, Guillermo (2022). *Castigar a los rojos: Acedo Colunga, el gran arquitecto de la represión franquista*. Barcelona: Crítica.

ZAFFARONI, Eugenio Raúl, REP, Miguel (2012). *La cuestión criminal*. Buenos Aires: Planeta.

VIOLENCIA INSTITUCIONAL Y RESISTENCIAS

El Patronato de Protección a la Mujer (1941-1985) y «las desterradas hijas de Eva»

LA CAZA DE BRUJAS CONTINÚA...

La memoria de las brujas es un amplio proyecto feminista internacional que, en palabras de Silvia Federici, se propone: «La reconstrucción de la historia de la caza de brujas, hecha "desde abajo", por las mujeres cuyas ancestras se vieron afectadas y que, hoy en día, todavía están en peligro de ser vilipendiadas, agredidas física y emocionalmente y, en algunos casos eliminadas» (Federici, 2021b: 11). La filósofa italiana muestra que: «En las raíces de la nueva persecución podemos encontrar muchos de los factores que ya instigaron las cazas de brujas de los siglos XVI y XVII, entre ellos la religión y la regurgitación de las inclinaciones más misóginas como fundamentos de la justificación ideológica» (Federici, 2021a: 16).

En este artículo vamos a analizar las características de una tenebrosa represión especialmente dirigida contra las mujeres menores de edad —entonces hasta los 21 años— durante el franquismo, que se mantuvo aún durante la llamada «Transición democrática» (o posfranquismo). Vamos a describir el entramado de una de las instituciones más longeva y silenciada de la dictadura: el Patronato de Protección a la Mujer (1941-1985), dependiente del Ministerio de Justicia, que aglutinó alrededor de 900 reformatorios dispersos por toda la geografía española.

LAS DESTERRADAS HIJAS DE EVA

En el año 2024 asistimos a una suerte de proliferación de noticias e investigaciones sobre esta oscura organización que hoy podemos tachar de criminal. Pero eso no era así hace doce años, cuando una de las «supervivientes» —palabra que le resuena mejor que la de «víctimas»— de estos centros de privación de libertad para menores, Consuelo García del Cid Guerra, tras décadas investigando en un desierto (pues el Patronato parecía no haber existido dada la ausencia y/o destrucción de fuentes documentales que lo avalan y que, hoy día, solo son accesibles en archivos provinciales y con serias restricciones), destapa la sordidez y crueldad planificada de lo ocurrido en su ensayo político *Las desterradas hijas de Eva* (2012), que pronto verá su sexta edición:

> La lucha continúa. Por todas nosotras, las desterradas que fuimos, encerradas sin motivo justificable, sometidas, explotadas laboralmente, bajo un sistema penitenciario oculto, rendidas a los pies de una institución que veló «por las mujeres caídas o en riesgo de caer». [...] Por la libertad que nos negaron. Por los hijos que robaron a muchas. Estamos vivas, y tenemos el resto de nuestra existencia para continuar sembrando memoria (García del Cid, 2012: 11).

ROMPER EL SILENCIO

La promesa que hizo a sus compañeras, «pasarán 40 años o más, pero yo seré escritora y España entera sabrá lo que nos han hecho», se veía por fin cumplida pasados treinta y seis de esos años. Este ensayo, *Las desterradas*, que aúna centenares de testimonios, rompía así por fin el silencio impuesto por el régimen fascista mediante la humillación, la tortura sistemática y el estigma, obligadas a portar cual sambenito de por vida. Rompía con el miedo a hablar, a destapar la verdad de lo sufrido por decenas de miles de niñas, jóvenes, mujeres y madres atrapadas en una sórdida red. Era esta un dispositivo dependiente del Ministerio de Justicia y al auspicio de órdenes religiosas como las Oblatas del Santísimo Redentor, las Religiosas Adoratrices del Santísimo Sacramento y de la Caridad, la Congregación de Nuestra Señora de la Caridad del Buen Pastor, las Trinitarias, Terciarias, Capuchinas o el Instituto Secular de las Cruzadas Evangélicas, entre otras. Estas órdenes ejercían una disciplina militar en prisiones de menores disfrazadas de conventos y en espeluznantes maternidades que formaron parte de la trama conocida como «robo de bebés del franquismo».

> Trabajábamos a destajo [...] En realidad no sabíamos nada de lo que pasaba fuera. El nuestro era un mundo aparte, raquítico y atormentado. Un mundo supersticioso del que nos decían que Dios era la Luz, y en el que nuestra propia luz era sofocada a diario. Pasábamos frío en el claustro. Acumular sabañones en manos y pies, tener los dedos inflamados y llenos de pupas era lo corriente. Nos ardían de pura comezón y nos rascábamos sin querer, porque dolía. La culpa era del frío tenaz, de enjabonar los suelos sin guantes y meter una y otra vez las manos en el agua helada. Te acostumbrabas a vivir con ellos y a no poder cerrar del todo las manos, so pena de que se abrieran las grietas y sangraran. (López, 2018: 72)

> Odio el uniforme, los zapatos que aprietan como condenados, los rezos mientras fregamos, las miradas secas de los mandos; odio izar la bandera y cantar esa canción estúpida... *Cara al sol* [...] [Pero] Casi todo se supera si aprendemos a dejar encendida la luz del presente. (Díez, 2023: 98, 7)

ESCALOFRIANTES DATOS RECIENTES SOBRE LOS REFORMATORIOS FRANQUISTAS

Cuando Consuelo tenía 15 años, fue reducida químicamente por el médico (del Opus Dei) de la familia con la aprobación de su madre y trasladada desde Barcelona a Madrid, donde despertó, tras 24 horas sin conocimiento. El impacto al abrir los ojos en tan inhóspito habitáculo se multiplicó al descubrir en los lúgubres pasillos de ese «reformatorio» (palabra que la primera monja que fue a por ella le dijo que las monjas evitaban utilizar) a las que serían sus nuevas compañeras: «una fila enorme de chicas con más ojeras que ojos y una expresión de desesperación absoluta [...]. Acababa de ingresar en el reformatorio de la calle Padre Damián, 52. Madrid. Monjas adoratrices» (García del Cid, 2018: 47).

Y es que, dada la dispersión de las niñas respecto de sus familias y orígenes, y el aislamiento al que eran sometidas, muchas de ellas no fueron conscientes del calibre de esta infraestructura del Estado en la que estaban presas hasta mucho después de salir de allí. Las monjas siempre se referían a ellas como internas y jamás como alumnas, que es lo que hubieran sido de haber estado en algo así como un colegio. Esto prueba también que ese no era el caso. Pues muy pocas horas lectivas eran las que realizaban las niñas, ya que su tiempo era devorado por un proceso moralizador que ejercía una fuerte presión religiosa (a base de oraciones, limpieza, mala alimentación y trabajo forzado no remunerado), a fin de conseguir su reforma, impuesta de la misma forma que caracterizó a este régimen totalitario: la violenta disciplina militar.

Según datos revelados por Carmen Guillén, solo en 1965, el Patronato mantuvo cautivas a 41.255 mujeres. Los datos que, por otro lado, ofrece Virginia P. Alonso, directora del diario *Público* (2024), son los siguientes: «Solo entre 1944 y 1954, alrededor de 30.960 niñas y niños fueron separados de sus familias biológicas, según un auto del Juzgado Central de Instrucción nº5 de la Audiencia Nacional en 2008. Y estos, son solo diez años de los 45 que estuvo activo el Patronato».

HISTORIA Y MISIÓN DEL PATRONATO DE PROTECCIÓN A LA MUJER

El Patronato se creó en 1902 para solventar el problema de la prostitución y la trata de blancas (en el contexto abolicionista de la época). Fue disuelto en la Segunda República y rearmado por Decreto «de carácter oficial y punitivo» del Ministerio de Justicia, el 6 de noviembre de 1941. Constaba de una Junta Nacional con sede en Madrid y dirigida por Carmen Polo de Franco, esposa del dictador; unas cuantas juntas provinciales y más juntas locales. El discurso del régimen franquista era único, estricto e implacable: «control y reeducación de las mujeres caídas o en riesgo de caer». En Navarra, según la historiadora Gema Pierola, la Junta Provincial estaba formada por el gobernador civil, el presidente de la Audiencia Territorial, mujeres de la Sección Femenina de Falange (partido político español de ideología fascista fundado en 1933) y mujeres de Acción Católica (apostolado laico de la Iglesia católica). Los fines era según actas: «La dignificación moral de la mujer de 16 a 26 años». Podemos entender el Patronato, según Piérola (2020) como una auténtica «gestapo femicida» o como una «gestapo a la española», en palabras de García del Cid.

PROSTITUCIÓN: LA DOBLE MORAL DEL NACIONALCATOLICISMO

Muchas fueron las mujeres que ejercían la prostitución en el difícil contexto de posguerra (huérfanas y viudas entre ellas). Solo podían hacerlo en auténticos guetos, donde eran sometidas a controles policiales y médicos, que ningún cliente tenía que pasar. El ejercicio de forma legal implicaba estar sometidas a terceros, lo cual agravaba su vulnerabilidad. En el primer franquismo, el 80 % de las prostitutas trabajaban en la clandestinidad, lo que impulsó la creación del Patronato, según describe Carmen Guillén, doctora en Historia Contemporánea y una de las principales expertas en el Patronato de Protección a la Mujer. Sin embargo, *el brazo ejecutor del Patronato* alcanzó a jóvenes que poco o nada tenían que ver con la prostitución: «Desde los casos considerados más graves en términos morales, como un embarazo no deseado, a los más absurdos, como salir de noche en compañía de amigos» (Público, 2024).

EL SISTEMA DE GÉNERO FRANQUISTA

El primer franquismo (1939-1959) impuso «un nuevo sistema de género» (Martín, 2018). El género es «una categoría útil para el análisis» (Scott, 2010) que obliga a historizar las formas en las cuales el sexo y la diferencia sexual han sido concebidas; la difícil relación —en torno a la sexualidad— entre lo normativo y lo psíquico, el intento a la vez de colectivizar la fantasía y usarla para algún fin social; ya sea este fin la construcción de la nación o la estructura familiar. El sistema de género franquista impuso un modelo de mujer muy cerrado y concreto: sumisa, casera, católica, cuidadora y forzada a cumplir los roles a través de la coerción. «La Iglesia católica escribió los libros de texto que las mujeres usaban en la escuela, a través de los cuales construyó un «ideal» femenino ultraconservador, entendido como supervisor principal de la estabilidad social» (Martín, 2018:151).

EL CUERPO DE LA MUJER COMO OBJETO REPRESIVO AYER Y HOY

Sabemos que la represión franquista se aplicó al conjunto de la población, pero de lo que aquí tratamos es de la represión especialmente aplicada al colectivo femenino bajo la dirección y control del Patronato de Protección a la Mujer. No debe extrañarnos que se refiera a la mujer en singular, pues uno solo era el ideal de feminidad que forjar, el de «ángel del hogar»: la mujer abnegada, obediente y callada. Ideal donde la piedra angular de la identidad femenina era la sexualidad. Siguiendo la investigación de Carmen Guillén, observamos cómo sobre la sexualidad se construyeron los diferentes niveles: a nivel individual, la virginidad (símbolo de la pureza); a nivel matrimonial o familiar, la que da placer al hombre y se somete a él; y a nivel nacional, la que debe generar adeptos al sistema. Como dice García del Cid (2012: 69), «la frontera ideológica entre el bien y el mal se quebrantó con razones de Estado que, acompañadas de argumentos divinos e intangibles, tomó la fuerza necesaria para universalizar una forma determinada de estar en el mundo, de ser mujer, esposa y esclava del régimen».

Si tiramos de este hilo —*dispositivo de sexualidad* (Foucault, 1976) o *sistema sexo- género* (Scott, 2010; Martín, 2018)—, podemos viajar hacia atrás hasta la caza de brujas histórica de los siglos XVI y XVII, el primer feminicidio conocido (Taraud, 2022). Aquellas llamadas «brujas», nuestras ancestras, fueron destruidas bajo falsas acusaciones de concubinas del diablo. Estas hermanas nuestras fueron represaliadas como carne barata (López, 2018) o nuda vida (Agamben, 2002, en Barjola, 2018). Esa misma atmósfera es la que asfixiaba a nuestras protagonistas, una cuya sombra aún nos sobrecoge y amenaza a todas solo por el hecho de ser mujeres.

DECENAS DE MILES DE NIÑAS VIOLENTADAS POR EL COC Y LAS ÓRDENES RELIGIOSAS

Los agentes de control social eran varios; las celadoras (cualquiera de fe intachable), los agentes del patronato, los curas parroquiales, la policía propiamente dicha y también las familias. ¿Qué persona menor en aquella época no recuerda la amenaza siempre latente de poder ser llevada a un reformatorio? ¿Acaso no se hizo realidad para las rebeldes e insumisas y para muchas de las más vulnerables: las pobres y las vencidas?

Al Patronato se llegaba a través de redadas callejeras, denuncias de familiares, vecinos, curas parroquiales, maestros de escuela, señoras de criadas e, incluso, por voluntad propia de la menor en caso de abandono y/o mendicidad. Administradoras del dolor en pos de la moral reinante, una sórdida policía femenina disfrazada de funcionariado franquista vigilaba conductas en la calle y demás lugares públicos (trenes, bailes, piscinas, cines, etc.)

Una vez denunciadas, eran trasladadas al COC (Centro de Observación y Clasificación), una comisaría encubierta del Patronato, donde permanecían una semana en observación. Allí eran sometidas a análisis ginecológicos, que las marcaba como «completas o incompletas» —según fueran vírgenes o no—, hecho definitivo para que fueran reconducidas a un reformatorio más o menos severo.

De los COC se derivaban a centros preventivos, a centros de rehabilitación con más duras condiciones o maternidades (para las menores embarazadas) como la Almudena en Madrid, conocido como Peñagrande. El delito-pecado más grave que en aquella época una mujer podía cometer era quedarse embarazada fuera del matrimonio.

Las órdenes religiosas ejecutaban un lavado de cerebro religioso extremo: las niñas eran controladas las 24 horas del día y sus actividades estaban centradas en rezar y limpiar. Sin libertad para hablar unas con otras, eran divididas en distintos pabellones. Trabajaban en talleres que conformaban una auténtica industria, donde las menores no cobraban sueldo alguno. Si el Patronato tutelaba a una chica, su minoría de edad podría extenderse hasta los 25 años, de reformatorio en reformatorio. Hubo autolesiones, intentos de huida y embarazos no deseados (buscados para salir de allí por la vía del matrimonio) de mujeres que luego eran abandonadas. Para las embarazadas, el Patronato contaba con un especial destino: Peñagrande. Hasta 1969 estuvo en manos de las Siervas de la Dolorosa, pasando a la orden secular de las Cruzadas Evangélicas en 1970 y hasta su cierre en 1983, esto es, «en democracia», como insistió García del Cid durante su intervención en el Senado en el año 2017.

Las Cruzadas Evangélicas eran, según los abundantes testimonios, especialistas en trato vejatorio. Recibían a las menores con frases espeluznantes: «Eres una golfa; una perdida; has desgraciado tu vida; nadie te va a querer; si de verdad te importa tu hijo y no eres egoísta, firma aquí, porque nosotros contamos con familias pudientes y de moral intachable que le darán a este niño una vida que tú nunca le podrás ofrecer».

Niñas violadas para quienes no se contemplaba la denuncia, mientras los violadores campaban a sus anchas, eran encerradas en un lugar cuya arquitectura era exactamente igual a la de una cárcel: un panóptico con sus galerías y torre de vigilancia. Obligadas a trabajar sin descanso, con el embarazo a cuestas, sin que importara su mes de gestación, cargaban sin descanso sacas de correos en camiones. Los bebés que eran conducidos al botiquín nunca regresaban. Les decían que habían muerto. Falso. Peñagrande podía albergar hasta seiscientas internas con sus hijas e hijos. La verdadera mortalidad infantil, que lógicamente la hubo, se apañaba enterrando a las/os bebes en el jardín, envueltas/os en trapos. Niñas/os sin partida de nacimiento ni legajo de aborto, niñas/os que oficialmente nunca existieron y cuyas madres continúan buscando.

Para hacer efectiva la misión de uniformar esclavas que parieran y educaran en la moral a adeptos a la patria, España, no solo contó con el soporte fundamental de la Iglesia (que formaba parte del Estado, como lo era en su tiempo la Inquisición) y las órdenes religiosas (que gestionaban estas cárceles morales), también proliferó un discurso profundamente misógino y beligerante.

NACIONALCATOLICISMO Y EUGENESIA O EL RETORNO DE LA «LIMPIEZA DE SANGRE DE LOS CRISTIANOS VIEJOS» DE LA INQUISICIÓN

Contra el fuerte avance del laicismo y el marxismo en el panorama internacional, el totalitarismo nacionalcatólico no admitía disidencia alguna. Esto también evoca viejos tiempos:

> Mientras el Paganismo aún tuvo fuerza social, mientras se pretendió convertir a la fe a los pueblos que no conocían el Cristianismo o se resistían a él, el hombre de Iglesia dialogó, argumentó a favor de sus creencias. Cuando la Cristianización fue absoluta y la autoridad eclesiástica tuvo el poder a su servicio, la postura cambió [...] Ya no solamente había creencias rectas y creencias siniestras, torcidas: había creencias superiores e inferiores. (Caro Baroja, 1966: 98)

Por si no fuera suficiente la renovada alianza del Régimen y la Iglesia, todo un despliegue de discursos supuestamente científicos se hicieron referentes dogmáticos. Tal es el caso del comandante Vallejo-Nájera, psiquiatra del régimen militar, que sostuvo la existencia de un «gen rojo» que justificaría la transmisión hereditaria materna del comunismo. Según este, que experimentó al menos con 50 presas en Málaga, la roja era «ese ser degenerado, lleno de ferocidad y rasgos criminales que por sus implicaciones políticas con la República, ha perdido toda su feminidad» (Romero, 2024).

Utilizó sus resultados para reclamar una «*Inquisición modernizada*» que permitiera «*higienizar nuestra raza*». Para este, conocido como el Mengele español, el concepto de eugenesia difería del aplicado en la Alemania nazi (de corte biológico), pues la decisiva influencia de la iglesia nacional-católica le hizo inclinarse por esta eugenesia conductista que estamos describiendo. Dirigió desde 1930 el psiquiátrico de Ciempozuelos.

Gracias a este alucinado gen, causante —para estas mentes perversas— de psicopatías y criminalidad, la dictadura creía poder justificar el secuestro de niñas/os republicanas/os. Se estima en 30.000 el número de niñas/os robadas/os durante la contienda y la posguerra, a los que habría que añadir las desapariciones forzadas de bebés con el apoyo del Patronato de Protección a la Mujer.

Las internas que se rebelaron o eran catalogadas como díscolas y conflictivas, tras pasar por un largo periplo de reformatorios por toda la geografía española, tenían otro gran destino especial: el psiquiátrico de Ciempozuelos. Ingresaban sin diagnóstico alguno y muchas permanecieron durante décadas. Gozaban de una cierta consideración hospitalaria, como habitaciones individuales, o un pabellón propio aislado del resto. Pero la razón de esto es que se experimentó con ellas.

La tendencia del régimen era asimilar psiquiatría y moral, por lo que se clasificaba a la mayoría de estas menores como de corta inteligencia. Muchas mujeres fueron encerradas en psiquiátricos, incluso de por vida (con diagnósticos de imbéciles o incluso histéricas). En estos, como recoge la investigación de Itxaso Martín (2012), se han encontrado evidencias, entre ellas informes y fichas médicas, de prácticas tan brutales como electroshocks o comas insulínicos, provocados de manera habitual.

El caso especialmente punzante de las lesbianas, también encerradas en manicomios, ha sido es investigado por otra experta en el Patronato de Protección a la Mujer: Andrea Momoitio.

¿EL FINAL DEL PATRONATO?

En septiembre de 1983 «se cierra el reformatorio de San Fernando de Henares (Madrid). La muerte de Inmaculada Valderrama, justificada como intento de fuga, destapa las condiciones sórdidas y sus métodos de disciplina: celdas de castigo, palizas, puertas blindadas, habitaciones acolchadas, duchas frías» (García del Cid, 2017: 18). La adolescente tenía quince años cuando cayó al vacío en ropa interior, estando las puertas del centro abiertas: ¿se sostiene con estos datos la versión oficial, cuando realmente apuntan al suicidio? Sea como fuere, se abrieron diligencias. El recién nombrado presidente del Consejo Superior de Menores prohibió los castigos físicos y la utilización de las llamadas salas de reflexión y catarsis (cuartos de aislamiento). Las Cruzadas Evangélicas abandonaron a petición propia tanto este centro como la Maternidad de la Almudena. ¿Quizá temerosas de un futuro inmediato que cuestionara su pasado reciente?

En 2002, se premió a las monjas Adoratrices con la Cruz de plata de la Orden Civil de la Solidaridad Social. En 2012, se condecoró con la misma Cruz a las monjas Oblatas. En 2005, las Hijas de la Caridad de San Vicente Paul, congregación a la que pertenecía sor María Gómez Valbuena (imputada por los delitos de detención ilegal y falsedad en documento en la causa de las/s niñas/os robadas/os y cuya firma aparece en centenares de documentos de adopción) es agraciada con el Premio Príncipe de Asturias. En 2015, las monjas Adoratrices recibieron el Premio de Derechos Humanos del Rey de España.

«Para asumir un premio presente hay que resolver el pasado», nos recuerda García del Cid. Para restaurar todo ello sería necesario primero que reconozcan los hechos y pidan perdón público. Pero su impunidad sigue siendo tan hiriente como su prestigio. Actualmente, las mismas órdenes religiosas implicadas en el Patronato de Protección a la Mujer son subvencionadas por el Estado y las comunidades autónomas y gestionan centros de menores dependientes de servicios sociales.

CAMBIAN LAS FORMAS, PERO NO EL FONDO: LOS VIEJOS PATRONES PREVALECEN

Cambió la ley en 1985, pero solo en favor de las administraciones públicas. Desde entonces, cualquier comunidad autónoma, a través de sus técnicos, puede resolver administrativamente que se aparte de forma inmediata y sin intervención alguna por parte de la autoridad judicial (sin que medie juez o fiscal) a una persona menor de su familia. Esto es lo que se llama una «resolución de desamparo», que se ejecuta de forma automática. Desde que esta ley entró en vigor y, dada la violación de derechos fundamentales que la misma permite, es más que alarmante el número de secuestros institucionales de menores realizados por las administraciones públicas contra los derechos fundamentales de las/os niñas/os y sus familias. Esta extensión de la indefensión que el régimen dictatorial creaba contra las mujeres se cierne en la actualidad desde 1985.

Las/os menores son arrancadas de los brazos de sus madres por policías que acuden de diez en diez echando la puerta abajo. Está sucediendo a diario en toda España. Los últimos datos oficiales al respecto parten del Observatorio de la Infancia y son del año 2015: más de 42.000 niñas y niños separados de sus madres (García del Cid, 2017: 123). Para García del Cid, no hay duda:

> Las verdaderas causas se abren por convicción, no conveniencia, y como el amor auténtico, son para siempre. Se llevan dentro, forman parte de tu propia anatomía. Hacen que tu corazón siga latiendo con verdadera razón de vivir. Continuamos la historia de decenas de miles de mujeres españolas cuyos derechos humanos fueron pisoteados por razones de Estado. No cometieron delito alguno, pero han sido juzgadas por su forma de ser y de pensar durante aquella «limpieza» moral que continúa (García del Cid, 2017: 20).

Y advierte: «Cuidado: ustedes no son los dueños de esos niños que pretenden convertir en Hijos del Estado. Las madres se están organizando, y su unión hará la fuerza» (2017: 63).

Figura 1. Consuelo García del Cid, Fátima Díez y Mariaje López, escritoras supervivientes de reformatorios franquistas, en las II Jornada sobre *Maternidades y caza de brujas* organizada por *Sutara!* (nodo Iruña de la Campaña) en Katakrak, Iruña, el 23 de septiembre de 2023. Sus testimonios son desgarradores, pero estas mujeres son para nosotras ejemplos de resistencias.

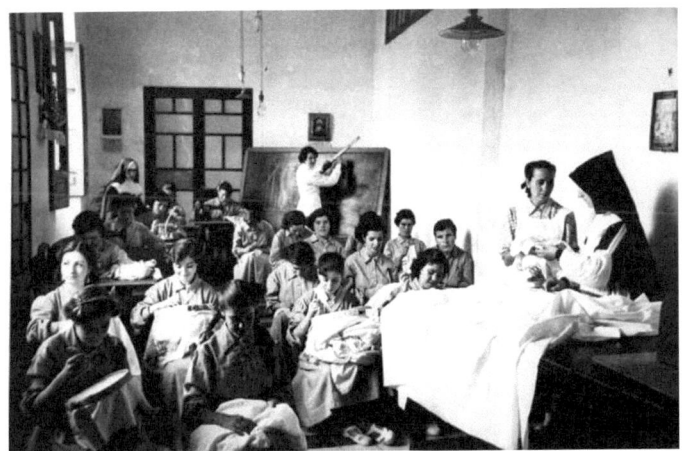

Figura 2. Taller del Patronato de Protección a la Mujer / Archivo Histórico de la Junta de Andalucía. A diferencia de Mariaje y Fátima, que fueron recluidas siendo niñas y especialmente vulnerables (huérfanas), Consuelo era ya adolescente, tenía 15 años cuando la encerraron en un reformatorio por «rebelde». Hoy podemos ser testigas de lo ocurrido gracias a su memoria, a su tesón y a la preciada sororidad que entrelaza a las supervivientes (entre ellas se llaman «hermanas» y se acuerpan como tales).

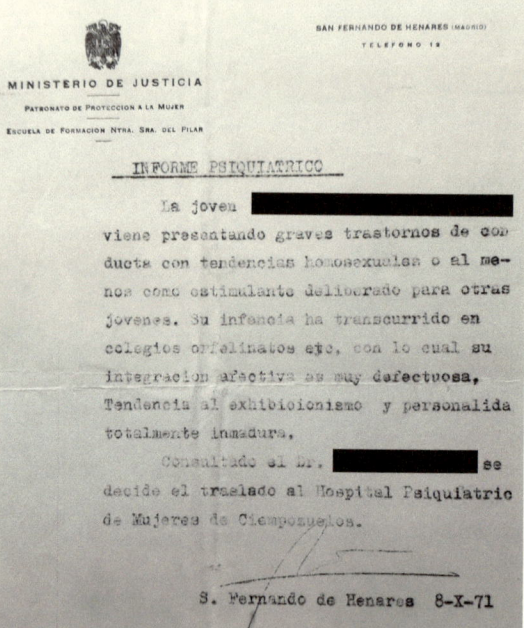

Figura 3.
Informe
psiquiátrico
del Patronato
a una interna.

Figura 4. Algunas pensaron que lo que les había sucedido solo ocurría en su centro e incluso dudaron de sus propios recuerdos. Nos lo contaba Mariaje López y añadía cómo, siendo una niñita que ingresa al reformatorio con ocho años, perdió su nombre para convertirse en «ciento veinticinco», así se dirigían hacia ella las monjas. Dudaba de haber sido testigo de cómo una niña lloraba amargamente pues le habían pasado ortigas por su vulva tras haberse orinado en la cama. Dudaba hasta que leyó el mismo relato en *Los internados del miedo* (Armengou y Belis, 2016). En los Servicios de Colonias Preventoriales, los preventorios, era común cortarles al entrar el pelo a «mordiscos de tijeras», desinfectar sus cuerpecitos desnudos enteros con polvos blancos y humillarlas/os en público encendiendo cerillas en los glúteos cuando se orinaban en la cama. Los preventorios, como centros de castigos para hijas/os de rojas/os y/o de las familias más humildes, también dependían de otro Patronato: el Patronato Nacional Antituberculoso.

BIBLIOGRAFÍA

ARMENGOU, Montse y BELIS, Ricard (2016). *Los internados del miedo.* Barcelona: Now Books.

BARJOLA, Nerea (2018). *Microfísica sexista del poder.* Barcelona: Virus.

BUTLER, Judith (2020). *Sin miedo. Formas de resistencia a la violencia de hoy.* Madrid: Taurus.

CARO BAROJA, Julio (1966). *Las brujas y su mundo.* Madrid: Alianza.

DÍEZ, Fátima (2023). *La gravedad de las lágrimas.* Amazon.

FEDERICI, Silvia (2021a). *Brujas, caza de brujas y mujeres.* Madrid: Traficantes de Sueños.

_____ (2021b). «Prefacio». En VÁZQUEZ, Eva; COBA, Lisset, VEGA, Cristina; YÁNEZ, Ivonne (2021). *Brujas salvajes y rebeldes. Mujeres perseguidas en entornos de moralización, extractivismo y criminalización en Ecuador.* Madrid: Traficantes de Sueños.

FOUCAULT, Michel (1992). *Historia de la sexualidad.* Madrid: Siglo XXI.

GARCIA DEL CID GUERRA, Consuelo (2017). *Las desterradas hijas de Eva.* Sevilla: Anantes.

_____ (2017). *El desmadre de los servicios sociales.* Sevilla: Anantes.

_____ (2018). *La niña del rincón.* Sevilla: Anantes.

LÓPEZ, Mariaje (2018). *Por Caridad.* Madrid: MAR Editor.

MARTÍN, Itxaso (2018): «Indagando en los silencios del franquismo: historias de las mujeres ingresadas en manicomios». En VVAA, *Etnografías feministas. Una mirada al siglo XXI desde la Antropología vasca,* Barcelona: Bellaterra.

PIEROLA, Gemma (2020). «Vidas censuradas. El control de la moral pública y privada de las mujeres». *De mujeres y documentos,* núm. 10. Archivo Contemporáneo de Navarra. Disponible en Internet: *https://www.navarra.es/NR/rdonlyres/0006f746/dewbjyypsmjlggcfbywjsngfvgixgakr/VIDASCENSURADASGemmaPierola.pdf*

ROMERO, Tatiana (2024, 17 de abril). «¿Cómo historiar lo inmaterial? Historiografía feminista frente a desastres documentales». *Público.*

SCOTT, Joan (2011): «Género: ¿todavía una categoría útil para el análisis?». *La manzana de la discordia,* vol. 16, 2011, pp. 95-101.

VVAA (2024). «Especial Patronato de Protección a la Mujer». *Público.* Disponible en Internet (17.04.2024): *https://www.publico.es/especiales/patronato-mujer*

VÁZQUEZ, Eva; COBA, Lisset, VEGA, Cristina; YÁNEZ, Ivonne (2021). *Brujas salvajes y rebeldes. Mujeres perseguidas en entornos de moralización, extractivismo y criminalización en Ecuador.* Madrid: Traficantes de Sueños.

BIBLIOGRAFÍA

BEBÉS-ROBADOS-ESPAÑA: RETOMANDO LA CAZA DE BRUJAS

CRISTINA GUTIÉRREZ MEURS

En el año 2012, un encuentro casual delante de los buzones de mi casa me abrió los ojos a un inmenso drama humano sobre el que no tenía ninguna noción. Una mujer más o menos de mi edad buscaba información sobre su familia biológica: «¿sabes si en este edificio hubo alguna vez una clínica de maternidad?». Esta pregunta y el artículo de Benjamín Prado «¿Será usted un niño robado por el franquismo?», publicado tres años antes en *El País* (y desde entonces olvidado en mi estudio), me llevaron a teclear tres palabras en Google: BEBÉS-ROBADOS-ESPAÑA. A partir de esta secuencia, descubro que vivo en un país con una mancha terrible en su historia y la existencia de una caza de brujas modernizada.

En palabras de Soledad Luque Delgado y de María José Esteso Poves (2018: 169): «Hablar de bebés robados es adentrarse en uno de los episodios más espeluznantes de nuestra historia reciente, por su extensión en el tiempo, porque se produjo en todos los rincones del Estado, y porque afectó a miles de personas de la manera más cruel imaginada».

Un crimen que, como explica Luque (2021: 96), puede estructurarse en tres etapas cuyo «planteamiento secuencial fue el resultado de la reflexión y análisis que realizó la asociación «Todos los niños robados son también mis niños» en 2011, tras la información obtenida en Vinyes *et al.* (2002) y a partir de los casos que se fueron conociendo posteriores a esta investigación».

La primera de ellas se relaciona con el robo de la descendencia de las mujeres desafectas al régimen franquista y con su encarcelamiento. La segunda se inicia a partir de los años cincuenta y se prolonga durante toda la dictadura. Más de dos décadas de robos perpetrados en maternidades, hospitales y clínicas tanto privadas como públicas y en centros del Patronato de Protección a la Mujer. En estos mismos espacios se robarán también bebés nacidos en democracia. Ésta será la última fase.

Nos situamos ante un paisaje que se despliega prácticamente hasta los albores de nuestro siglo. Robos en el pasado y robos hasta ayer mismo. Tres hebras enlazadas por «la cuestión de género» y «la consideración de la mujer como incapacitada para decidir de forma totalmente libre y soberana sobre su maternidad» (Gordillo, 2015: 116). Tres fases que aquí serán abordadas en dos epígrafes teniendo en cuenta la mirada de las madres afectadas: que éstas sean conscientes o no del verdadero destino de sus criaturas.

GUERRA Y POSGUERRA (1936-1952)

Con el inicio de la Guerra Civil, antes incluso de constituirse la dictadura franquista, comienza en España el robo de bebés. Las madres antifranquistas, en especial las encarceladas, ideológicamente posicionadas o no, serán las primeras víctimas de la segregación postulada por Antonio Vallejo-Nájera. En 1938, tras una inmersión de más de una década en Alemania, este militar y psiquiatra funda y dirige el Gabinete de Investigaciones Psicológicas, un organismo destinado a la investigación clínica de hombres y mujeres antifranquistas prisioneros que le permitirá poner en práctica su particular teoría eugenésica. Vallejo defiende una concepción patológica y hereditaria de la ideología marxista, una tara mental que puede y debe ser sanada a través del castigo, el desarraigo y el adoctrinamiento de una otredad imperfecta, la no-Hispanidad. Para alcanzar la perfección se irá conformando un marco doctrinario basado en su ideología que proporcionará una justificación al franquismo. En sus propias palabras:

La idea de las íntimas relaciones entre marxismo e inferioridad mental ya la habíamos expuesto anteriormente en otros trabajos [...]. La comprobación de nuestras hipótesis tiene enorme trascendencia político social, pues si militan en el marxismo de preferencia psicópatas antisociales, como es nuestra idea, la segregación de estos sujetos desde la infancia, podría liberar a la sociedad de plaga tan terrible. (Vallejo, 1939: 52)

Por el bien del *cuerpo social* se tratará de impedir que la descendencia de las mujeres desafectas, tildadas de seres inferiores, madure en un ambiente degenerado: segregar equivaldrá a separar la semilla de la paja. Esta paja la buscarán fundamentalmente en las cárceles franquistas, ya que las presas «representaban la antítesis de la nueva vieja mujer española, cuyo modelo quería imponer el nuevo régimen en la España *liberada*» (González Duro, 2008: 262). La represión contra ellas será de una crueldad sin límites. Una doble condena al convertirse también en víctimas del robo de su descendencia.

Con la práctica, el método se irá puliendo. Así, entre 1940 y 1941 queda conformado un marco legal para que la apropiación de menores se realice bajo la tutela jurídica del régimen a través de una Orden ministerial, que limita la estancia de las semillas de las reclusas hasta cumplir los tres años de edad, de un Decreto sobre los huérfanos de la revolución y la guerra, y de una Ley sobre la inscripción de las niñas y niños repatriados y abandonados. Por medio de estos soportes oficiales, se mantiene atada y bien atada la legalización de «un mercado en toda regla para traficar con menores, como si de meros objetos se tratara» (González de Tena, 2013: 38). La ignominia será lícita en el Estado español durante un largo periodo de tiempo.

En lo que respecta a las cifras, según el Auto de Baltasar Garzón de 18 de noviembre de 2008, «se estima que hasta el año 1952, y bajo represión política, fueron robados más de 30.000 niños en cárceles y centros de detención» (Luque y Esteso, 2018: 169). Niños y niñas segregadas cuyo destino será vario. La mayoría irán a parar a familias adeptas al régimen. Menores separados de sus madres presas al nacer o al cumplir los tres años, y menores internados en hospicios de Auxilio Social, estandarte de la beneficencia franquista, donde no tardarán en convertirse «en los objetos que el aparato propagandístico del régimen utilizaba para sus propios fines» (Cenarro, 2010: 72). Además, el régimen franquista no se conformará «solo con los hijos de los *rojos* en territorio español» (Armengou y Belis, 2004: 3). Durante la Guerra Civil, muchos progenitores se verán abocados a confiar sus criaturas a la República para que fueran evacuadas al extranjero. Finalizada la contienda, Franco decidirá arbitrariamente su regreso y, en muchos casos, no serán devueltas a sus familias sino enviadas a centros de Auxilio Social. Semillas inocentes que, con las palabras necesarias y la nueva legislación, perderán sus raíces y su identidad para crecer y ser educadas en nidos del nacional-catolicismo.

DICTADURA, TRANSICIÓN Y DEMOCRACIA (1952-199?)

Alrededor de los años cincuenta cambia la operativa: en lugar de en las cárceles o en los centros de auxilio y misericordia, el grueso de los robos se concentra en las maternidades, en las clínicas y hospitales de ámbito público o privado y en centros del Patronato de Protección a la Mujer, un sistema penitenciario encubierto para jóvenes *asilvestradas*. Los postulados de Vallejo no han caído en saco roto, y otros expertos de la medicina continúan marcando las pautas y definiendo los roles responsables de las eternas menores. Al fin y al cabo, para el franquismo todas las mujeres son madres potenciales, necesarias para repoblar un país diezmado por la guerra.

Para entender este nuevo escenario, debemos tener presente que, tras más de una década de represión extrema, hay menos presas y menos criaturas tuteladas por el Estado (muchas han muerto debido a las brutales condiciones de vida en las cárceles), una descongestión carcelaria resultante además de los decretos de indulto y reducción de condena dictados para solventar el hacinamiento descontrolado (Vinyes, 2010). Por otra parte, en estos años, el acceso a los puestos de poder político de miembros del Opus Dei, los llamados ministros tecnócratas, contribuye a fortalecer el vínculo Estado-Iglesia y a que una moral nacional-católica cada vez más arraigada vaya envolviendo la necesidad de robar bebés en un halo de espuria caridad cristiana. Es por ello que numerosas parejas seguirán el consejo de una autoridad espiritual antes de decidirse a adoptar a un bebé *necesitado* o de «una madre *imperfecta*» (Gutiérrez Meurs, 2016: 31). En relación con esta cuestión, resulta relevante la labor del Movimiento Familiar Cristiano (MFC), una organización internacional que en nuestro país queda consolidada en 1966 a partir de la fusión de los Equipos de Matrimonios de Bilbao, los equipos Pío XII de Barcelona y la Obra Apostólica Familiar de Madrid (Zalbide y Núñez, 1996).

En el punto de mira, ahora, las madres solteras y las madres primerizas, inexpertas, confiadas, a menudo de condición humilde, y las madres de familia numerosa o con embarazos múltiples. Víctimas todas ellas de redes de adopción creadas por «funcionarios del régimen, religiosos, médicos, enfermeras y numerosos intermediarios» y que se extenderán «hasta bien entrado el régimen monárquico parlamentario existente en estos momentos» (Pedreño, 2012: 180). Las nuevas víctimas ya no son las madres encarceladas y conscientes de un crimen anunciado, sino mujeres, más o menos libres, cuyo embarazo será supervisado por un ginecólogo que, llegado el momento de parir, posiblemente las sedará con el anestésico apropiado. Estas madres despiertan tras el alumbramiento y reciben la dolorosa pero falsa noticia en boca de médico, comadrona o monja: «lo sentimos mucho, el bebé ha muerto».

Además, en una sociedad donde una mujer solo puede perder la virginidad tras haber pasado por el altar vestida de blanco, el embarazo fuera del matrimonio supondrá un estigma no solo para ella, sino también para sus progenitores. Una losa insoportable. Por esta razón, numerosas menores embarazadas, jóvenes *descarriadas*, serán internadas en los centros correccionales del Patronato. Otras acudirán, voluntaria o involuntariamente, a inmuebles privados destinados a ocultar su vergüenza. Después serán coaccionadas y se verán abocadas a entregar al bebé en adopción. Ellas serán igualmente engañadas con falacias sobre el desenlace del parto.

Con el devenir de los tiempos y muerto ya el dictador, comienzan a sonar «las voces contestatarias de las jóvenes rebeldes feministas de la Transición democrática» (Nash, 2010: 38), que empiezan a cuestionar la maternidad como sello identitario, destino biológico y ejercicio obligado. Sin embargo, y en contra de lo esperado y deseado, el sistema de sustracción de menores, lejos de desaparecer, se va a prolongar durante dos décadas más.

En realidad, la Transición no supuso una ruptura estructural con la dictadura y muchos de los que ocupaban puestos de responsabilidad a nivel institucional lo continuaron haciendo durante la democracia «por lo que los presuntos implicados [...] pudieron seguir actuando año tras año» (Luque, 2013: 29). En este sentido, conviene recordar cómo personalidades políticas que en fechas muy recientes alcanzaron cargos públicos de gran relevancia, se vieron en su momento influidos por la doctrina racista y segregadora del pensamiento y obra de Vallejo.

Así las cosas, hasta bien entrados los años noventa, la anestesia general continuará siendo la herramienta perfecta para que el crimen culmine sin sobresaltos. En los centros sanitarios, la necesidad de incubadora servirá de pretexto recurrente para crear el vacío. De nuevo llegará la triste noticia. Voces acompasadas de «profesionales» de la Medicina y la Iglesia. Después, las preguntas, quizás el deseo de ver el cadáver. Normalmente, no era posible (en ocasiones se mostraba un bebé congelado). Una imagen, una sensación, que más tarde o más temprano desempolvará un poso de extrañeza. A menudo, a los progenitores se les ofrecerá la posibilidad de encargarse de todo, enterramiento incluido. No hay que olvidar, además, que un nacimiento conlleva un papeleo, un registro, notas, datos que se validan con firmas y sellos. Estos documentos que serán falsificados, volatilizados o almacenados en archivos blindados con llaves que, ni siquiera hoy, ahora mismo, son accesibles. Además, el Patronato de Protección a la Mujer no desaparece hasta 1985, en la mayoría de sus centros se quemarán documentos y en algunas Juntas Provinciales los informes quedarán tan olvidados «como el destino de miles de menores que pasaron por la institución» (García del Cid, 2015: 48).

Un cambio relevante tras la muerte de Franco fue la desaparición de la censura oficial, lo que permitió que algunos medios de comunicación comenzasen a denunciar este crimen. A pesar de ello, los primeros movimientos para acabar con el *mercado de niños* no se producirán hasta 1987, cuando se modifiquen algunos artículos del Código Civil y de la Ley de Enjuiciamiento Civil en materia de adopción y las adopciones pasen de manos privadas a las manos del Estado. A esta iniciativa se sumará, en 1996, la Ley Orgánica de Protección Jurídica del Menor, que reconocerá a la persona adoptada el derecho a conocer su identidad biológica. Además, en 1999, se declara inconstitucional el parto anónimo que, desde 1948, salvaguardaba la ocultación de la identificación materna. Estas medidas están dirigidas a que las víctimas puedan aproximarse a sus orígenes. La Proposición de Ley de bebés robados, una norma ineludible que inició su andadura en 2017, lamentable e inexplicablemente todavía no ha sido aprobada (el 28 de mayo de 2024 fue registrada por tercera vez). Esta norma urgente dibuja un horizonte para las víctimas de este crimen, para que puedan, por fin, acceder a los archivos públicos y privados (de las clínicas, hospitales y de la Iglesia católica), no tengan que pagar de su bolsillo las exhumaciones ni las pruebas de ADN, tengan cubierta la atención médica, psicológica y jurídica que necesitan, dispongan de una unidad policial y una fiscalía especializadas, de un biobanco único con una base de datos estatal que les permita cotejar su material genético, de una comisión estatal por el derecho a la identidad que desarrolle un plan nacional de búsqueda y para que sean reconocidas como lo que son, víctimas del pasado y del presente, víctimas de un crimen contra la humanidad.

EL PAISAJE Y EL HORIZONTE

En el Estado español, durante más de seis décadas, en dictadura y en democracia, en península e islas, miles y miles de mujeres, quizás varios cientos de miles, se han convertido en víctimas del robo sistemático de sus criaturas. Un periodo abierto para ellas, que no se ha cerrado y que contiene un abismo. Lazos rotos. Niños y niñas separadas de sus progenitores, hijas e hijos de pobre o de roja o de puta o de gitana o de soltera o de primeriza o de experta o de cualquiera. El azar también ha sido una variable. La cuestión femenina una constante.

El franquismo convirtió la maternidad en una cuestión de Estado y la idolatrada figura del militar y psiquiatra franquista Antonio Vallejo-Nájera pudo, quizá, haber reavivado las llamas de una caza que se creía extinguida. ¿Mujeres desafectas o brujas modernas? ¿Solo víctimas o luchadoras ejemplares y sujetas históricas? (Gutiérrez Meurs, 2021)

El contexto histórico de esta ignominia ha ido cambiando con el devenir de los tiempos, por lo que no es posible esperar reacciones similares de gobiernos sumidos en dictadura o en democracia. Aun así, a día de hoy las víctimas de este crimen continúan apareciendo como grandes desconocidas para la mayoría de la sociedad española.

Nos situamos ante un delito de lesa humanidad, también un crimen de género, perpetrado en un país que no ha sido capaz de romper con un régimen no tan pretérito y represor en el más amplio sentido del término. Una represión que, en el caso de las mujeres, cortó sus alas, decidió por ellas, convirtió la maternidad en misión y diseñó el entramado que canalizó el robo de un número incalculable de sus hijas e hijos. Hoy el silencio suena cómplice. Investigar no es tarea de las víctimas sino responsabilidad de un Estado, democrático, que está obligado a no pasar página y a asumir las consecuencias derivadas de no hacerlo.

REFERENCIAS BIBLIOGRÁFICAS

ARMENGOU, Montse y BELIS, Ricard (2004): «Los niños perdidos del franquismo». *Revista Pueblos*, núm. 12.

CENARRO, Ángela (2010). «Historia y memoria del Auxilio Social de Falange». *Pliegos de Yuste*, núm. 11-12, pp. 71-74.

GARCÍA DEL CID GUERRA, Consuelo (2015). *Ruega por nosotras*. Granada: Algon Editores.

GONZÁLEZ DE TENA, Francisco (2013). «Amnesia injustificable». *Viento Sur*, núm. 126, pp. 37-42.

GONZÁLEZ DURO, Enrique (2008). *Los psiquiatras de Franco. Los rojos no estaban locos*. Barcelona: Península.

GORDILLO, José Luis (2015). *Los hombres del saco: Resurge la trama de los bebés robados*. Madrid: San Pablo.

GUTIÉRREZ MEURS, Cristina (2016). *Lo que no me quisiste contar*. Bilbao: ECO Ediciones Cívicas.

_____ (2021). *Bebés-robados-España: Crimen de género, crimen de Estado*. Trabajo fin de máster, Universidad del País Vasco / Euskal Herriko Unibertsitatea. Disponible en Internet (31.05.2024): *https://addi.ehu.es/handle/10810/53502*

LUQUE DELGADO, Soledad (2013). «El robo de niños en España. Un delito continuado en el tiempo». *Viento Sur*, núm. 126, pp. 27-36.

_____ (2021). «Las víctimas del robo de bebés: Las olvidadas de la Memoria Democrática». En LARA J. y URBÁN, M. (coords.), *Memorias Democráticas*, Sylone, pp. 93-102.

LUQUE DELGADO, Soledad y ESTESO POVES, María José (2018). «El robo de bebés desde una perspectiva de género». *Nuestra historia*, núm. 5, pp. 169-176.

NASH, Mary (2010), «Maternidades y construcción identitaria: debates del siglo XX». En Franco Rubio, Gloria (ed.), *Debates sobre maternidad desde una perspectiva histórica (siglos XVI-XX)*, Barcelona: Icaria, pp. 23-49.

PEDREÑO, José María (2012). «Los otros desaparecidos». En ESTESO POVES, María José (ed.), *Niños Robados: de la represión franquista al negocio*, Madrid: Diagonal, pp. 177-181.

PRADO, Benjamín (2009, 16 de enero). «¿Será usted un niño robado por el franquismo?». *El País*.

VALLEJO-NÁJERA, Antonio (1939). *La Locura y la Guerra. Psicopatología de la Guerra Española*. Valladolid: Librería Santorán, Imprenta Castellana.

VINYES, Ricard (2010). *Irredentas. Las presas políticas y sus hijos en las cárceles franquistas*. Madrid: Planeta.

ZALBIDE ZABALLA, Pedro María y NÚÑEZ URIBE, Félix (1996). *Aurelio Alzola. Sacerdote, comunicador, amigo*. Haya.

ENTREVISTA A LA ACOMPAÑANTE DE ABORTOS ROSA MALDONADO[8]

CAMPAÑA POR LA MEMORIA DE LAS MUJERES PERSEGUIDAS POR BRUJERÍA

Los trabajos que componen este cuaderno, y que estudian diferentes capítulos de la historia de las mujeres, convergen en lugares comunes. El central de todos ellos, que fue el que dio pie a esta publicación, es la idea de que la capacidad creadora de las mujeres ha sido una fuente de preocupación constante para la alianza Iglesia-Estado. Ambos poderes se han querido apropiar desde muy temprano de la posibilidad de controlar la fertilidad femenina, para lo cual han necesitado separar su función procreadora de su actividad sexual a través de siniestros discursos morales. En ellos, se ha buscado y se busca subordinar a las mujeres al poder masculino, para lo cual se les ha reservado el papel de madres y esposas sumisas, quedando excluidas del resto de actividades. Para quienes se atrevan a probar otra posibilidad, quedan reservados denigrantes castigos ejemplarizantes. Se ha producido así, a lo largo de los siglos, un disciplinamiento social que ha naturalizado y, por tanto, invisibilizado la subordinación femenina. El control de nuestros cuerpos, de nuestra capacidad reproductora y de nues-

---

8. Rosa Maldonado es acompañante de abortos del Colectivo Mika Sororidad Internacionalista de Barcelona y activista de la Red Compañeras de América Latina y el Caribe.

tra sexualidad se han convertido en asuntos que no atañen a las mujeres sino a la patriarcal alianza Iglesia-Estado. Por esta razón, consideramos imprescindible ceder el epílogo de este cuaderno para hacer un llamamiento a la sororidad internacional, para que nuestro trabajo conjunto nos permita recuperar nuestros cuerpos, sexualidades y derechos reproductivos, y que nuestras vidas sean dignas de ser vividas.

Campaña. ¿Qué es una acompañante de aborto?
Rosa. Las activistas acompañantes de aborto somos aquellas que, no siendo parte del sistema sanitario, cuestionamos las formas y los métodos con los que tratan a las mujeres que han tomado la decisión de abortar, y también las acompañamos. Estas llaman a la línea y nos encuentran a una de nosotras. Escuchamos, valoramos y acompañamos más allá de las pautas legales, que en todos los países todavía tienen restricciones. Somos también la ingeniería feminista que empieza a crearse en red, no solamente en Argentina, sino en toda América Latina, donde ya hay un tejido de 21 países en donde tenemos acompañantes de aborto. Podría decir muchas más funciones que realizamos las acompañantes. Somos una red que cuestiona las formas patriarcales, capitalistas y racistas que tienen los sistemas sanitarios públicos que tratan a las mujeres. Cuestionamos y pedimos que el aborto sea libre, autogestionado y que el cómo abortar sea nuestra decisión. No solamente de las mujeres, sino también de las diversidades. Nosotras hablamos de personas con capacidad de gestar, como personas no binarias, porque sabemos que también abortan, y muchas de las acompañantes de aborto también son no binarias.

Yo vivo en Barcelona y acompaño a las mujeres en esta decisión, tanto en el sistema público de salud como en el privado. Como se sabe, en el Estado español hay una ley desde 2010 que, aunque sea sumamente digna, en la práctica, resulta increíblemente complicada. En primer lugar, muchísimas mujeres migrantes sin tarjeta sanitaria no pueden abortar. Esto no es cualquier barrera. Se trata de una barrera de acceso al sistema público y a la legalidad, pero también vemos que muchas personas con capacidad gestante, que viven en pueblos, se tienen que trasladar kilómetros y kilómetros para poder acceder a un aborto quirúrgico. La ley dice una cosa, pero en la práctica nos encontramos con estas realidades. Además, debemos lidiar con la barrera de la objeción de conciencia, que aparece únicamente en el sistema público. Qué casualidad. Justamente, donde tendría que haber apertura; justamente, donde deberíamos encontrar un equipo integral para todas estas personas que tienen una barrera lingüística, que vienen con otra cultura, que proceden de países donde el aborto es criminalizado, etc., nos encontramos este enorme obstáculo. Entonces, nos chocamos con un sistema público donde la primera barrera es que, sin tarjeta sanitaria, no se puede acceder al aborto; la siguiente es que solo se habla castellano o catalán y, entonces, ahí tenemos una barrera idiomática importante; la tercera es que carecemos de equipos integrales de aborto, de salud o de derechos sexuales donde comprendan la carga emocional de esas mujeres. Lo he vivido en primera persona, porque las he acompañado a clínicas privadas con esta emoción, con esta duda y este miedo, porque muchas de ellas cuentan también con una pesada carga religiosa y de creencias, y se les están imponiendo barreras insalvables.

En definitiva, aunque el aborto esté legalizado en ciertos lugares, en la práctica cotidiana vemos tantas trabas, límites y burocracia que muchas mujeres deciden pagar. Uno de los problemas en el Estado español es que muchas mujeres desconocen que el aborto es gratuito. Si tienes 300 o 400 euros, la privada te lo a resolver, porque te lo resuelve. Se paga porque no te van a poner por el camino la objeción de conciencia ni las trabas ni los palos en la rueda. En las clínicas privadas no existe la objeción de conciencia. En algunas comunidades autónomas, como Madrid, te lo ponen aún más difícil. En Ceuta y Melilla no sabemos qué pasa. Aparentemente, hubo una epidemia de esterilización, ya que no hay registros de aborto en ninguna de las dos ciudades autónomas. En las Baleares, rebotan a las mujeres de isla en isla, porque si tienen más de doce semanas de gestación, en una isla la pasan a otra, y así.

C. ¿Está el derecho al aborto amenazado?

R. Si vemos el mapa de América Latina y el Caribe, el derecho al aborto está en rojo. El aborto sigue siendo penalizado y criminalizado en muchísimos países. En Nicaragua y El Salvador tenemos los países con más penalización y criminalización de todos. En México, el aborto está «legalizado» en algunas regiones. Hoy, por ejemplo, el estado de Puebla está luchando por la despenalización del aborto. Colombia hace muy poco logró la despenalización hasta la semana 24 de gestación. Fue un gran alivio, no solamente para América Latina y el Caribe, sino también para Europa, porque aunque tengamos un mapa en verde de legalización, aún quedan algunos países como Andorra, donde el aborto está criminalizado. Además, la derecha no solamente viene amenazando con quitar este derecho, que sigue siendo muy restrictivo en muchísimos países de Europa, sino que avanza con todo lo que tiene que ver con otros muchos derechos relacionados con la vida de las mujeres, la salud sexual y reproductiva. Nos quieren quitar y hacer olvidar el valor de todas las mujeres que, en el pasado, tomaron la decisión tremendamente poderosa de querer abortar, ya fuera en la clandestinidad o en la legalidad. Esta decisión tan poderosa y contrasistema nos la pretenden arrebatar. Nos quieren como reproductoras para seguir siendo parte del sistema.

C. ¿Llevas muchos años en el activismo proderechos?

R. Llevo muchos años acompañando y visibilizando lo que pasa en el mundo, porque creo que las acompañantes de aborto hemos puesto en la agenda que abortar y ser acompañada es cuestionar, no solamente las instituciones de salud del Estado, sino que también es una forma de darle voz a las mujeres sobre cómo y con quién quieren abortar.

C. ¿Trabajáis también en Europa y Norteamérica o solamente en el Estado español y América Latina?

R. Tenemos vínculos, puentes y red con compañeras de Aborto Sin Fronteras, con Red Compañeras (@redcompafeminista), Socorristas en Red Argentina (@socenredarg), con las compañeras polacas, con las andorranas de Stop Violencia y con muchas otras organizaciones. La coordinación es muy importante, porque las acompañantes de aborto a nivel internacional empezamos a tener una gran capacidad de trabajar con vínculos internacionales. Cuando llama alguna mujer migrante que vive, por ejemplo, en alguna región de Italia, quizá no conocemos cuál es el acceso al aborto que puede tener. Entonces, contactamos con compañeras de Italia. Saber que en Italia existen ellas, que van a hacer este puente, que les podemos pedir que acompañen a esa persona, que quizá no sepa italiano o no tenga tarjeta sanitaria, es una enorme ventaja. Lo mismo ocurre cuando facilitamos que vengan las mujeres andorranas a abortar y las acompañamos aquí, en Barcelona. También con las personas de Portugal, etc., porque trabajamos a nivel europeo. Esto nos permite estar más cerca entre nosotras y establecer vínculos ante la extrema derecha. Lo hicimos cuando Polonia juzgó a Justyna Wydrzynska, la gran activista. Hubo una campaña internacional de las acompañantes de aborto y de todas las organizaciones que defienden este derecho, mostrando hasta dónde puede llegar la derecha criminalizando a los activistas. El año pasado, en el caso de Vanessa Mendoza Cortés, que fue juzgada en Andorra, también hicimos una gran campaña. Fue, finalmente, absuelta de la acusación por denunciar la criminalización en el Estado andorrano de los derechos sexuales y reproductivos. Por tanto, las acompañantes de aborto a nivel internacional no solamente propiciamos la posibilidad de que las personas gestantes nos busquen, sino que también unificamos las fuerzas, porque nos tenemos que defender de esta avanzada de ultraderecha.

C. ¿Cómo ves el futuro del derecho al aborto?
R. El aborto siempre está amenazado en este sistema patriarcal. Siempre. Y cuando digo amenazado me refiero a que, en los países donde es legal, está restringido; por tanto, no es libre. En España, está restringido hasta la semana catorce de gestación. Por causas de enfermedad, malformación fetal, etc., hasta la veintidós. Sin embargo, a las veintidós semanas, incluso en aquellos casos donde

hay malformación fetal, se ponen muchas trabas para poder abortar, y hay que salir del país y abortar en el extranjero. Hablamos de maternidades que, en muchos casos, son deseadas. El futuro va a depender de cómo avance el feminismo. Es el momento de ser cómplices entre nosotras, amigas y desconocidas. Es el momento de ser libres y soberanas en nuestras cuerpas. Somos brujas honrando a nuestras antepasadas. Y es el momento de abrazarnos y abrazar la vida, y acompañarnos entre nosotras. Esto es un reto. Queremos llamar al feminismo a respaldar estas decisiones y acompañar en la calle. Cada vez que hay un triunfo en un país donde se legaliza, es un triunfo para todas las mujeres a nivel mundial. En este momento, tenemos un reto, ya sea por la avanzada de la ultraderecha o porque las democracias siguen implementando legalidades en el aborto, pero muy restringidas. Nosotras tenemos ese pulso con este sistema patriarcal y capitalista. Si derrotamos el estigma del aborto en el Estado y en la sociedad, es un reto que vamos a ganar.

C. En la actualidad, en el Estado español, hay muchas mujeres que no consiguen quedarse embarazas y pueden sentirse desvinculadas de esta lucha. ¿Qué les dirías? ¿Por qué a cualquier persona gestante, le afecte directamente o no la lucha en favor del aborto, debería apoyarla?
R. El aborto es parte de los derechos humanos. Es una práctica más, como cualquier otra, de nuestra vida reproductiva. Eso es lo que tenemos que defender.

El argumentario de la extrema derecha es aprovecharse de la defensa de las maternidades y confunden. Ofrecen un discurso muy tramposo en que prometen poner todos los recursos al servicio de las maternidades, incluso de las no deseadas. Nosotras nos enfrentamos, en la puerta de las clínicas, con sectores antiderechos cuya táctica es, supuestamente, apoyar las maternidades desde lo económico y lo emocional. En realidad, pretenden desestabilizar las decisiones de muchas mujeres que, en ese momento, tienen miedo, dudas. Muchas democracias también se apoyan en este discurso como una manera de apropiarse de nuestros derechos.

Nosotras defendemos que cualquier pueblo, ciudad o isla que tenga un paritorio, debería tener también una dependencia para abortar en condiciones de libertad. No puede haber una diferencia tan brutal entre las facilidades para parir y las dificultades para abortar. Por eso, decimos que el aborto es una práctica más de la sexualidad de las mujeres y como tal debe ser libre, autogestionada, respetada y acompañada.

AUTORAS

Victoria Lozano es activista transfeminista, historiadora y parte de la Campaña por la memoria de las brujas. Trabaja como profesora de Geografía e Historia en Educación secundaria. Cuenta con cursos de doctorado en Estudios de Género por la UCM.

Vicky Guerra es activista transfeminista e historiadora del arte. Sus líneas de investigación giran en torno a la Historia queer y los archivos disidentes. Es miembro de la Campaña por la memoria de las brujas y colaboradora en la Fundación de Estudios Libertarios Anselmo Lorenzo.

Diana Eguía es doctora en Lenguas romances por la Universidad de Pensilvania (UPenn). Pertenece a la redacción itinerante de *Píkara Magazine*, es fundadora del grupo de trabajo transinclusivo Gente que sangra y miembro de la Campaña por la memoria de las brujas.

Matías Viotti Barbalato es doctor en Sociología y Antropología por la Universidad Complutense de Madrid (UCM) y docente en la educación pública. Forma parte del movimiento para la recuperación y construcción de la memoria histórica y, entre otras cosas, colabora asesorando a familiares víctimas de la apropiación de bebés.

Marta Romero-Delgado es doctora internacional en Sociología y Antropología por la Universidad Complutense de Madrid (UCM), donde también es profesora. Es presidenta del Comité de investigación en Movimientos Sociales, Acción Colectiva y Cambio Social de la Federación Española de Sociología (FES).

Idoia Castillo-Arbaiza es licenciada en Filosofía por la Universidad de Deusto (UD). Actualmente es doctoranda en Estudios Feministas y de Género en la UPV/EHU. Como activista transfeminista forma parte del colectivo Emakume Askeak y también de la Campaña por la memoria de las brujas.

Cristina Gutiérrez Meurs es artista, escritora y activista, máster en Estudios Feministas y de Género por la UPV/EHU. En la actualidad es miembro de EmPoderArte (una asociación de mujeres artistas feministas), colabora con víctimas del robo de bebés y participa en la plataforma ciudadana Abando Habitable contra la especulación urbanística (Bilbao). *Lo que no me quisiste contar* fue su primera novela y acaba de escribir el ensayo *Por Mujer. Una historia desigual.*

Rosa Maldonado es activista transfeminista y enfermera profesional, acompañante de abortos del Colectivo Mika Sororidad Internacionalista de Barcelona y activista de la Red Compañeras de América Latina y el Caribe.